건강한 재료와 만드는 법까지 다른 프라이빗 비누 수업

The Soap Baking

비누베이킹

김성희 지음

The Soap Baking

비누베이킹 (2023년 최신 개정판)

초판발행일   2023년 02년 15일

지 은 이   김성희
책 임 편 집   김성희
편집디자인   김동건, 김성희
사   진   차병선, Helena K, 서동필
발 행 처   킨센스

공 급 처   (주)바른북스
출 판 등 록   2023년 2월 20일 제2019-000040호
주   소   서울시 성동구 연무장5길 9-16, 블루스톤 타워 301호
전   화   070-7857-9719
팩   스   070-7610-9820
홈 페 이 지   www.barunbooks.com

I S B N   979-11-92942-18-6 [13590]
정   가   18,000원

건강한 재료와 만드는 법까지 다른 프라이빗 비누 수업

The Soap Baking

여러분은 화학성분으로부터 안전하십니까?
친환경은 생활에 있어 선택이 아닌 필수가 되어야 합니다.

"안녕하세요. 킨센스 대표 김성희입니다."

저는 명품관, 국내 특급호텔에서 디자이너로 10년 넘게 근무하면서 유명하고 좋다는 명품 화장품, 향기 좋은 비누, 샴푸, 향수 등을 많이 사용하고 또 좋아했습니다.

그러던 중 많은 화학제품의 사용으로 인해 피부에 문제를 느꼈고, 저뿐 아니라 어머님과 딸의 피부에도 이상 질환이 발생했습니다. 이를 치료하기 위해 유명하다는 대학병원과 피부과에서 약과 연고를 처방받기도 했지만, 효과는 일시적인 증상 완화에 그칠 뿐이었습니다.

근본적인 해결책을 찾던 중 천연비누와 천연화장품에 관심을 가지게 되었고, 많은 공부를 하며 Kincense lab을 운영하기 시작했습니다. 여러 강의를 통해 가족들과 수강생들의 피부가 점점 건강해지는 것을 눈으로 확인하며 보람을 느낄 수 있었습니다.

더 심도 있는 공부를 하고자 국내외의 여러 협회, 비누 명인을 비롯해 지방의 비누공장까지 찾아가 제조법을 배웠지만, 저의 열의와 갈증이 해결되지 않았기에 직접 비누 연구를 시작하게 되었습니다.

많은 천연비누 강의와 연구를 하면서 기존 천연비누의 문제점을 파악하고 조금씩 보완해 나갔습니다. 여러 재료로 다양한 시도를 하며 차별화된 데이터를 쌓아가다보니 질 좋은 비누를 쉽게 만들 방법을 찾게 된 것입니다.

연구한 것 중 가장 쉽고 효과가 좋은 수제청으로 비누의 산도를 낮추는 방법을 개발하기에 이르렀습니다. 이러한 저의 연구 성과를 [비누베이킹]에 고스란히 담았습니다.

요즘 천연비누는 색도, 디자인도 참 다양합니다.

저는 디자인 전공자이기에 색과 예쁜 비누를 만들고 싶은 욕심도 가끔 생기고
또 디자인비누를 만들기도 해 보았지만, 어느덧 다시 목적에 충실한 비누를 만들고 있습니다.

그래서 저는 색소와 첨가물을 넣기보다는 조금 투박하더라도 피부에 이롭고 누구나 쉽게 만들 수
있는 비누를 만드는 것에 초점을 두고 피부를 지키는 것에 최선을 다하고자 합니다.

여러분, 초보자라고 해서 걱정하실 필요 없습니다.
자주 쓰이는 재료부터 도구, 용어, 제작 팁까지 비누를 만드는 것에 필요한 모든 내용을 자세히
설명하고자 했으니 쉬운 레시피와 간단한 재료로 꼭 한번 만들어 보시기를 추천합니다.

이 자리에 서기까지 늘 곁에서 믿고 응원해 주시는 가족과 여러 분야에서 도와주신 분들에게 진심으로
감사드립니다.

2023년 2월

CONTENTS

저는 비누에게 참 감사합니다.

비누는 무엇이든 깨끗하게 만들어 줍니다.

2천 년 전에도 비누가 존재했지만, 일반 사람들은 사용할 수 없는 값비싼 사치품이었습니다.
깨끗한 물을 제외하고 의학자들, 역사학자들이 **가장 많은 인류를 구한 물품 1위**로 선정한 것이
바로 청결에 혁명을 가져다준 **비누**입니다.

청결의 혁명인 비누는
미세먼지에 시달리는 피부와 지저분한 생필품들을 깨끗하게 해주며,
세균과 바이러스로부터 우리의 몸과 일상을 지켜주기도 합니다.

"일상의 필수품으로 자리매김한 소중한 비누"

이렇게 좋은 친환경 비누의 매력을 여러분과 나누고 싶습니다.

친환경 비누는 참 많은 매력을 갖고 있습니다.

1. 천연재료로 만듭니다.

시중의 일반비누와 친환경비누의 차이점은 바로 원료의 차이입니다. 원료가 좋아야 좋은 사용감과 효과를 기대할 수 있습니다. 친환경비누의 천연 식물성 오일을 주원료로 하고 강알칼리와 물을 반응 시켜 만듭니다. 고유 성분과 영양소를 비누화하면 고보습 인자인 글리세린이 생성됩니다. 이 반응으로 인해 세정력과 피부를 부드럽게 하고 보습력을 유지해 주게됩니다.

2. 자극이 없습니다.

우선 일반비누는 피부타입보다 상품성을 고려하여 대량생산공정을 거쳐서 제조합니다.
일반 비누는 세정력, 거품, 단단함, 향을 지속해서 유지하기 위해 합성 계면활성제, 방부제, 경화제, 인공향료 등 여러 화학물질이 첨가됩니다. 또 빠르게 대량으로 만들어 내기 위해 글리세린을 제거 후 제작되고 피부에 자극을 주어 트러블의 원인인 피부의 당김과 가려움을 유발할 수 있고, 피부의 보호막을 약하게 만들기도 합니다.

직접 만들어 사용하는 친환경 비누는 최소한의 천연재료로 비누를 만들기에 많은 화학물질과 방부제가 들어가는 시중의 일반 비누보다 피부 자극이 적습니다.

3. 피부타입에 맞는 맞춤형 비누를 만들 수 있습니다.

여러 가지 재료를 직접 선택하여 만들기에 개인 피부 타입에 따른 맞춤형 비누를 만들 수 있습니다.

4. 환경을 지킬 수 있습니다.

친환경 비누는 생분해되기 때문에 물을 오염시키지 않고 중화작용을 시킵니다. 자연에서 얻어지는 재료로 만드는 비누는 피부에 좋다는 것 이외 오염의 원인이 되는 화학 재료가 사용되지 않아 환경에 부담을 주지 않습니다.

[비누베이킹] 소개

이 책은 복잡한 레시피나 많은 재료가 필요로 필요하지 않습니다.

비누베이스 / 6가지 유기농 오일 / 수제청(과일청&건강청)으로 자신의 피부 유형에 맞는 비누를 얼마든지 만들 수 있다는 것을 알려 드리겠습니다. 저는 비누를 만드는 것이 물과 밀가루 등 단순한 재료로 최상의 맛을 뽑아내는 베이킹(제빵)과 비슷하다고 생각합니다. 가장 단순한 재료로 최고의 비누를 만들고자 했습니다.

또한, 현실에 대한 고민도 빼놓지 않았습니다.

1. 비누 제작에 필요한 모든 오일, 기능성 재료, 첨가물, 보존제, 에센셜오일등을 모두 사지 않고 만들어 사용할 수 있을까?
2. 천연비누에 쓰이는 낮은 등급의 아로마 에센셜 오일 없이 만들 방법이 어떤 것이 있을까?
3. 4주 ~ 6주가 걸리는 비누 제작 시간을 단축 할 수 있을까?
4. 인위적 첨가물을 넣지 않고 저자극 비누를 만들 방법이 있을까?

이처럼 다양한 현실적 문제점을 해결하고자, 기존의 다양한 첨가물 대신 아로마와 과일과 건강재료에 설탕을 넣어 산이 많은 수제청을 사용하는 방법을 찾아 냈습니다.

여러분의 피부타입에 맞춘
유기농 오일과 직접 만든 재료로
정성스럽게 만든 비누야말로 VVIP만이 사용할 수 있는 최고급 비누가 아닐까요?

왜 사람들의 피부는 점점 건조해지는 걸까요?

최근 아이들은 물론 성인들까지 건조한 피부로 인해 고통을 받는 사람들이 많아지고 있습니다.

그 원인 중 하나가 바로 각종 화학성분에 의한 자극과 잘못된 클렌징으로 인한 건조함입니다.
피부가 건조해지면 저항력이 감소하여 피부트러블이 발생하기 쉬워집니다.

▌피부건조증을 예방하고 치료하기 위해서는

[삼성서울병원 피부과] 각질층의 수분 손실을 최소화하면서 각질층에 수분을 공급하고 유지하는 것
입니다. 샤워나 목욕을 통해 수분을 직접 피부에 공급해 주는 것이 도움이 되기도 합니다. 피부의 수분
과 지질 성분을 유지하기 위하여 때를 밀어 억지로 각질층을 제거하지 않는 것이 좋고 과도한 세정과
비누 사용을 줄이고, 샤워 후에는 5분 이내에 적절한 보습제를 사용하는 것이 중요합니다.

[고려대학교 피부과] 실내 습도를 (최소 40% 이상) 높여주고 보습제를 사용하여 피부를 통한 수분
의 손실을 막는 것이 중요합니다. 하루에 물을 8컵 정도 마시기, 비누는 손이나 부드러운 수건으로 거
품을 낸 후 마사지를 하듯 온몸에 부드럽게 바르고 씻어 낸 후 바로 3분 이내에 보습크림이나 오일을
발라주지 않으면 수분 증발과 함께 피부가 다시 건조해지므로 꼭 보습제를 발라주는 것이 중요합니다.

▌약산성 비누, 순하지만 세정력 떨어집니다.

[생활 속의 화학 – 전동주 한국화학연구원 전문연구위원] 최근에 등장한 약산성 비누는 순수한 천
연 지방산염이 아니고, 지방산 대신에 강산성인 설폰산 기가 붙어있는 화학물질로 변형하여 만든 것
입니다. (합성 계면활성제도 설폰산임.) 약산성 비누의 주원료로 사용되는 물질로는 소듐코코일이
세치오네이트(신데트)와 소듐코코일타우린에이트 등이 개발되어 있습니다. 이런 종류의 물질은
흔히 천연 유래의 원료라 하여 합성 계면활성제와 구분하기도 합니다. 이 물질의 생분해성이나 안
전성에 대해서는 문제가 없다고 알려져 있습니다. 다만 원래 비누에 비해서 부드럽기는 하지만 세
정력이 떨어지고, 피부가 따가운 증상(irritation)도 일부 있는 것으로 알려져 있습니다.

약산성 비누와 순 비누 중 어느 것을 사용하는 것이 좋을지에 대한 선택은 사용자의 몫입니다.
약산성 비누는 순하지만 세정효과가 약하며 피부 자극(irritation)이 있을 수 있고, 순 비누는 세정
효과가 좋지만 거친 느낌이 들 수 있습니다. 사실 순 비누라 하더라도 비누화 반응의 완결 정도
나 첨가물에 따라 매우 달라질 수 있습니다.

킨센스의 KP비누는요,

> 비타민과 유기산이 많이 들어 있는 과일과 건강재료에 각질 제거가 잘 되는 설탕을 넣어
> 보습과 pH를 낮추고 누구나 쉽게 친환경 비누를 만드는 데에 목표를 두었습니다.

	CP 방법의 천연비누	KP 방법의 비누
오일	각 피부타입에 맞는 오일이 모두 필요	6가지 오일
물	정제수 or 다양함	정제수 or 다양함
첨가물	피부에 맞는 분말과 각종 첨가물	수제청
아로마 or 향	아로마 에센셜오일(천연) 피부타입에 따른 아로마를 써야 함.	아로마 / 과일등을 오일에 직접 우려서 사용. (생략 가능)
	프래그런스오일(인공향)	
	플레이버오일(식향)	

*이 책에서는 MP, CP, KP, HP, 리베칭비누를 설명은 하되 KP비누의 레시피로 기술해 두었습니다.

KP의 방법으로 만든 비누는

1. 천연비누라고 알려져 있는(CP) 보다 덜 무릅니다.
2. 4~6주 동안 숙성건조해서 사용해야 하던 기간을 7일로 단축했습니다.
3. 시중의 첨가물과 많은 재료가 아닌 수제청으로 PH조절(순한비누)을 만들 수 있습니다.
   > 과일마다 성분과 산도, 당도가 달라 절대적인 값은 아니지만, 과일청&건강청을 넣었을 때
   > pH를 낮추고, 비누의 단단함에 도움을 주는 것을 오랜 연구 결과로 알 수 있었습니다.
4. 천연비누(CP)의 잔존 유리알칼리 0.03%를 0%로 감소시키는 연구에 성공하였습니다.
   (산도가 조절 된 천연비누와 그 제조방법으로 특허 & 제품개발(www.frumise.com)

비누의 pH변화

현재의 pH를 낮추는 방법으로는 *가성소다를 줄여 넣거나 *구연산 또는 *pH 조절제를 넣는 방법을
사용하고 있습니다.

> 대부분의 수제비누는 트레이스 이후 pH12 이상의 강알칼리성으로 나타나며,
> 보온이 끝나면 대부분 pH10 정도로 떨어지고, 4~6주가 지나야 pH 9정도로 떨어지게 됩니다.

> KP비누의 방법은 보온이 끝나면 대부분 중성인 pH10 정도로 떨어지게 되고, 비누화 반응이
> 끝났기에 7일~10일이 지나면, 대부분 중성인 pH8 정도로 떨어지게 되고 사용 가능 합니다.

Part 1.

친환경 비누

친환경 비누란,

> 친환경은 자연을 오염시키거나 파괴하지 않고, 자연 그대로의 환경과 조화를 이루는 것을 말합니다. 또 환경 친화라고도 합니다.

심각해지는 기후변화. 기온과 해수면이 상승하면서 우리나라를 비롯한 세계 각지에서 이상기후 현상이 나타나고 있습니다. 물을 오염시키는 화학제품들은 환경을 더욱 급속도로 환경을 해치고 있으며 이제는 지구 스스로의 치유 능력만으로는 해결하기 어려워지고 있습니다.

이대로는 우리 아이들에게 푸른 바다와 깨끗한 물을 줄 수 없을 것 같습니다.
그렇다면 환경보호를 위해 작게나마 우리가 실천할 수 있는 것은 무엇이 있을까요?

몇 번 누르면 거품이 나오는 편한 세정제를 두고 비누를 선택하라구요?
합성 계면활성제는 하천을 거품으로 뒤엎어 생분해가 잘 안 되고, 햇볕을 가리고 해양 생명들의 호흡에 필요한 산소 공급을 방해하기 때문에 생태계에 나쁜 영향을 끼칩니다. 비누의 주성분인 천연 유래의 지방산염도 계면활성제이지만, 천연 오일을 가수분해한 것으로 방부제나 합성계면 활성제, 기타 인공 첨가물을 따로 넣지 않는다면 인체에 무해하고 생태계에도 해가 적습니다.
[전동주/한국화학연구원 전문연구위원]

화학성분이 없는 친환경 비누로 소중한 내 몸,
나아가 가족과 모든 인류가 건강한 삶을 만들어 나가기를 저는 제안합니다.

일상 속에서 작은 실천들이 모이면 환경을 지키는 큰 변화를 만들 수 있다고 믿습니다.
우리가 만든 환경 오염은 아이들에게 물려주지 말고 우리가 책임져야 합니다.

환경을 오염시키는 화학제품들과 익숙한 편리함을 버리고, 나와 환경을 위한 작은 사소한 노력으로 환경보호 운동에 동참해 주시기 바랍니다.

> 기후변화, 환경보호는 일부 단체의 몫이 아닌 우리 모두의 숙제입니다.
> 이 책 [비누베이킹]의 수익금 일부는 환경재단에 후원금으로 기부됩니다.

친환경비누의 특징

1. 합성 계면활성제 대신 식용 가능한 천연 오일과 지방산염을 사용하므로 우리 몸에 해가 없고, 신체를 씻는 데에 직접적으로 도움을 줍니다.
2. 염석 과정을 거치지 않고 유지와 수산화나트륨으로 비누화 과정을 거쳐 만들어, 자연적으로 생성되는 글리세린이 피부에 보습 효과를 줍니다.
3. 피부 타입에 맞는 오일과 천연재료, 기능성 첨가물을 선택하여 원하는 비누를 만들 수 있습니다.
4. 일반 비누와 달리 환경을 오염시키지 않는 친환경 세안제입니다.
5. 고체이므로 방부제 없이 액체보다 장기간 보관이 가능합니다.

 친환경비누의 기준
(인터넷검색 – 환경표지 > 인증기준목록 > 분류 EL309 / 화장비누)

Part 2.

비누만들기의 기본

비누 제조법의 종류

비누는 만드는 방법에 따라 크게 5가지로 구분됩니다.

비누베이스 비누에 2차 가공을 하는 **MP비누**, 천연오일을 직접 조합해서 만드는 **CP비누**, 투명한 **경비누**, 물비누를 만드는 **HP비누**, 그리고 자투리 비누를 모아 만든 **리베칭비누**가 있습니다. 여기에 또 한 가지, 각 제조법의 장점을 살리고 단점을 보완하고자 만든 저의 **KP비누**를 소개합니다.

KP비누에 들어갈 오일은 유기농 코코넛오일, 유기농 팜오일(레드팜), 유기농 올리브오일, 유기농 달맞이오일, 유기농 피마자오일, 유기농 쉐어버터만을 사용해 여러 피부타입의 비누 만들기를 설명하였습니다. 비누 만들 때 많은 첨가물과 도구는 별도로 사지 않아도 비누에 관심이 있는 분들이라면 누구나 만들어 사용하실 수 있게 기술하였고 또 권장합니다.

CP vs KP

CP		KP	
오일	매우 다양함	오일	4~6가지 오일
가성소다	순도 98% 이상	가성소다	순도 98% 이상
물	정제수 / 다양함	물	정제수 / 다양함
분말	매우 다양함	분말	
추출물	매우 다양함	추출물	과일청
보습제	글리세린	보습제	&
보존제	비타민E 등등	보존제	건강청
향	아로마오일 / 착향	향	아로마가루(생략가능)

Melt & Pour Soap (MP)

이미 만들어진 비누 베이스를
핫플레이트나 중탕을 통해 녹인 뒤 원하는 첨가물들을 넣고 붓는 가공법.

MP는 'Melt &Pour'의 약자로 '녹여서 붓는다'라는 의미입니다. 이미 만들어진 비누 베이스를 녹인 뒤 첨가물 천연색소와 글리세린, 향, 허브 등을 넣어 만들기 때문에 천연비누 만들기를 처음 시작하는 분들도 쉽게 만들 수 있으며 다양한 몰드에 부어서 형태를 자유롭게 표현할 수 있습니다.

MP비누는 세정력은 좋으나 유용한 보습 성분이 적기 때문에 보통 첨가물로 1kg기준 참고. 보습제 0~10g, 추출물 0~5g ,분말 0~20g, 보존제 0~5g, 에센셜오일 0~10g 정도를 비누의 특색에 맞게 넣으며 비누 전체 중량의 3% 미만으로 사용합니다.

MP 비누 제작 과정

	기존의 MP 방법	필자의 MP 방법
1단계	비누 베이스 녹이기	비누 베이스 녹이기
2단계	기능성 첨가물 (천연 분말, 추출물) + 보습제, 보존제 (글리세린,비타민E, 등등) + 향 (아로마에센셜오일, 향, 플레이버오일)	수제청
3단계	굳힌 후 바로 사용 가능	
4단계	공기와 접하지 않게 포장	

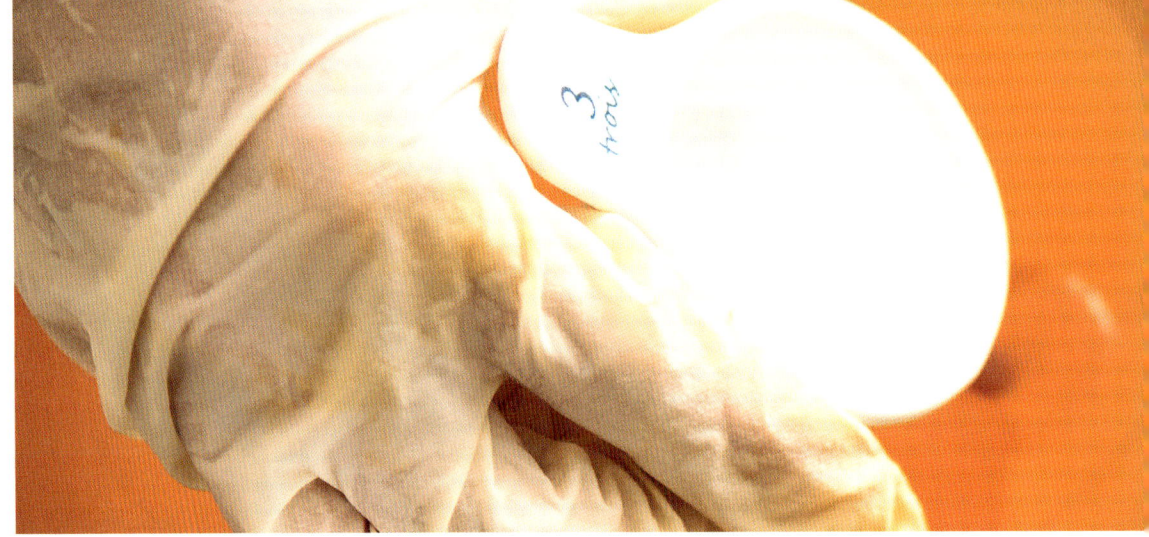

Cold Process Soap (CP)

오일, 강알칼리(가성소다-NAOH), 물을 이용한 저온 가공법.

CP 비누는 'Cold Process'의 약자로 40~55도에서 만들어지며, 저온법 비누라고도 합니다. 오일과 가성소다를 저온에서 반응시켜 각종 첨가물과 에센셜 오일을 넣어 만드는 저온에서 제조하는 불투명 비누입니다. 오일에 함유된 유효한 성분들의 효능을 볼 수 있는 비누입니다.

저온 가공법은 피부 타입에 맞게 다양한 레시피를 구성할 수 있어 많이 활용되고 있습니다.

CP 비누 제작 과정

	CP방법
1단계	천연오일 + 가성소다 + 물 → 40~55도 사이에서 교반
2단계	분말 + 기능성 첨가물 + 향 첨가
3단계	24~48시간 보온 → 잘라서 사용 6주 이상 숙성 후 사용

Keep Process Soap (KP)

오일, 강알칼리(가성소다-NAOH), 물의 온도를 이용한 중온 가공법.

KP비누는 'Keep Process'의 약자로 60도의 온도를 유지하면서 만드는 방법입니다.
CP비누의 장점(오일의 영양소와 고유 특성의 긍정적 요소가 남아 피부에 좋은 영향을 줄 수 있고
다양한 레시피를 구성할 수 있음)을 살리는 동시에 보온시간과 건조기간을 줄이는 방법입니다.

특히, 직접 만들어 쓰는 첨가물로 보습과 세정력을 올리고, pH를 낮출 수 있는 것이 특징입니다.

KP 비누 제작 과정

	KP방법	비누화 반응 과정(4단계)
1단계	인퓨즈드한 오일 + 가성소다 + 물 → 60도 교반	비누의 비누화 반응과정은 4단계를 거치게 됩니다. KP는 절정기의 온도를 유지시키는 방법입니다.
2단계	수제청 첨가 (과일청 or 건강청)	
3단계	60도에서 24시간 보온 → 잘라서 7일 ~10일 이상 건조 후 사용	

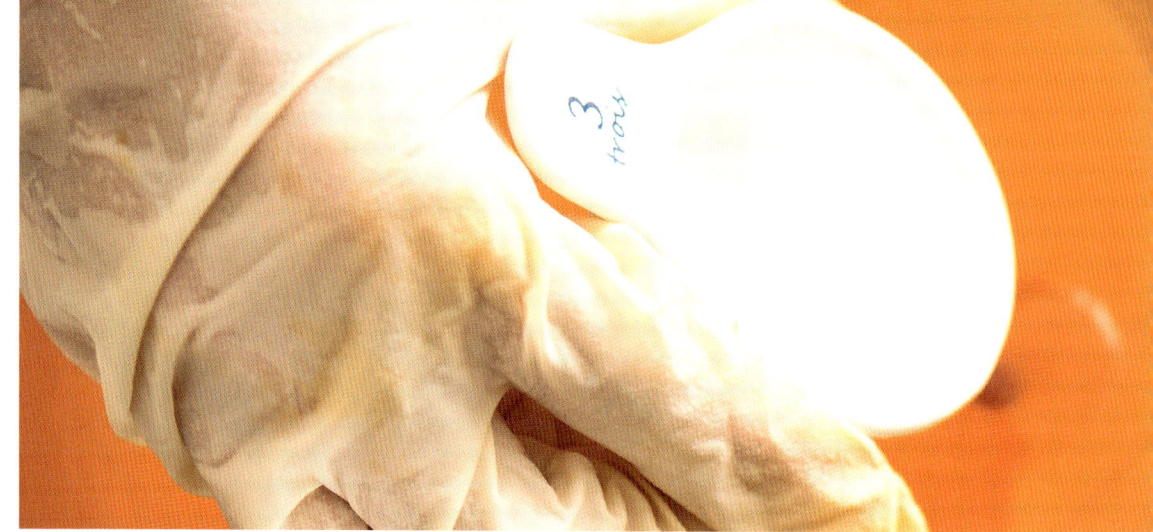

Hot Process Soap (HP)

오일, 강알칼리(가성가리-KOH / 가성소다-NAOH),
물을 이용하여 만드는 고온 가공법.

HP비누는 'Hot Process'의 약자로 보통 투명비누라고 하며 이는 경비누, 물비누 2종류의 방법이 있습니다. 70도 이상에서 원료를 교반하여 비누화 반응을 신속히 이끌어 낸 후 중탕 내지는 물리적 열처리를 거쳐 만드는 것이 특징입니다. HP 비누는 중탕법과 비중탕법이있으며, 저온 가공법(CP) 비누와는 달리 오일 고유의 특성을 살리기보다는 비누 제작에 중심을 두는 방식입니다. 만들기가 까다롭고 오래 걸린다는 단점이 있지만 물에 쉽게 물러지지 않는 장점이 있고 장기간 사용이 가능한 비누입니다.

HP 비누 제작 과정

	경비누	물비누
1단계	천연오일 + 가성소다 + 물 → 70~79도 사이에서 교반	천연오일 + 가성가리 + 물 → 70~79도 사이에서 교반
2단계	용제첨가 + 중탕 + 기능성 첨가물 + 향	2주 ~ 4주 이상 숙성
3단계	4주 이상 숙성 후 사용	중탕, 희석 → 기능성 첨가물 첨가 → 물 비누 완성

첨가물을 수제청으로 바꿀 경우 비누를 더 순하게 만들 수 있습니다.

Rebatching Soap (리베칭)

기존에 만든 비누를 다시 가공하여 만드는 가공법.

천연비누를 재활용하는 방법으로 자투리비누, 트리밍한 비누, 마음에 들지 않는 천연비누들을 모아 새롭게 만드는 방식입니다.

이 비누는 다시 열을 가해 만들기 때문에 한결 순하고 부드럽고 순해 사용감이 한결 좋으며, 원하는 첨가물을 첨가해 효과를 극대화할 수 있다는 것이 장점입니다. 리베칭 가공법은 다른 가공법과는 달리 첨가물의 기능적 요소를 최대한 활용할 수 있고, 숙성기간을 다 끝낸 비누로 리베칭을 할 경우 굳자마자 사용해도 됩니다.

리베칭 비누 제작 과정

	리베칭 비누
1단계	CP, KP 비누 → 강판에 갈거나 잘게 잘라 가공
2단계	중탕 후 기능성 첨가물, 보존제 첨가
3단계	건조 후 바로 사용

첨가물을 수제청으로 바꿀 경우 비누를 더 순하게 만들 수 있습니다.

비누 만들기의 기본

비누만들기의 원리

비누는 순수한 오일에 가성소다와 수산화나트륨을 첨가해서 만듭니다.
사용하는 재료와 첨가물, 방법에 따라 다양한 비누를 만들 수 있습니다.

비누의 주성분은 오일(지방산), 수산화나트륨, 정제수입니다. 지방산과 수산화
나트륨이 섞여 비누화 반응이 일어나는데, 이 때 글리세린이 생성됩니다.

오일(지방산) + 수산화나트륨 + 정제수 => 비누 + 글리세린

가성소다는 알칼리성이 매우 강한 원료로 오일과 화학반응을 일으키면서
비누가 만들어집니다. 필요한 양을 계산하고 정확하게 계량해야 오일과
가성소다가 적절히 반응해 가성소다 성분이 비누에 남지 않습니다.

비누는 레시피가 같아도 비누 만들 때의 기온이나 습도, 보온상태에 따라
완성품이 달라질 수 있습니다.

비누 만들기의 도구

핫플레이트

비누베이스와 오일을 녹이거나 온도를 높일 때 사용합니다. 가열을 위한 도구는 많지만 핫플레이트가 적합하고, 가스레인지를 사용할 때는 중탕으로 만드시면 됩니다.

스테인리스 비이커/스텐볼

알루미늄이나 철, 동과 같은 소재는 재료와 화학반응을 일으킬 수 있으니 사용하지 않습니다.

계량컵

오일이나 첨가물을 계량할 때 사용합니다.

온도계

오일, 가성소다액 등의 온도를 측정할 때 사용합니다. 일반 온도계와 적외선 온도계 등 일반 온도계는 디지털 온도계보다 정확하고, 디지털 온도계는 일반 온도계보다 안전합니다.

실리콘주걱

재료를 골고루 섞고 실리콘 몰드에 넣을 때 사용합니다.

핸드블렌더

오일이나 비누액을 섞을 때 사용합니다. 회전력이 약한 블렌더가 좋습니다.

스푼 & 포크

비누액이나 분말 등 재료를 덜거나 섞을 때, 혹은 분리할 때 사용합니다. 비누의 윗면에 모양을 낼 때도 사용할 수 있습니다.

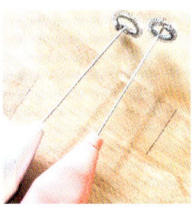   

미니블렌더

MP비누의 크림 제형을 만들 때 사용합니다. 또한 분말을 오일에 섞을 때 사용하면 덩어리지지 않고 잘 풀립니다.

스테인리스 비이커 / 스크류용기(폴리프로필렌 재질)

정제수와 가성소다를 섞은 수용액을 만들 때 사용합니다. 뚜껑을 완벽하게 돌려 닫을 수 있는 제품이 좋습니다. 1kg의 비누를 만든다면 동량의 용기를 준비합니다. (스테인리스 비이커를 사용하면 지속적으로 사용가능하고, 폴리프로필렌 재질의 용기는 몇번 쓰면 교체해야 합니다.)

거름망

인퓨즈드 오일과 가성소다, 수제청을 거를 때 사용합니다.

저울

오일과 재료들을 정확하게 계량하기 위한 도구입니다. 전자식 저울을 사용하는 것이 좋습니다.

비누몰드

비누액을 담아 굳힐 때 사용합니다. 굳이 몰드를 사지 않고 빈 우유갑이나 일회용 컵을 쓸 수도 있습니다.

스티로폼 상자

비누액을 몰드에 넣은 후 보온할 때 사용합니다.

비누커터기

비누베이스나 완성된 비누를 자를 때 필요합니다. 일반 칼과 도마를 사용해도 됩니다.

보온용 담요 및 상자

비누를 보온할 때 사용합니다. 일반 상자 또는 스티로폼 상자를 사용해도 좋습니다.

앞치마

비누액이 튀는 것을 막을 수 있습니다.

장갑 & 토시

원재료로부터 손을 보호하기 위해 착용합니다.

에탄올

몰드를 사용하기 전 소독하는 데 사용합니다.

또한 몰드에서 비누와 분리가 잘되게 뿌려주기도 하고 또 기포를 제거할 때 사용하기도 합니다.

99% 에탄올과 정제수를 8:2로 섞어서 사용하며, 82% 또는 73% 에탄올은 그냥 사용해도 됩니다.

비누 스탬프

완성된 비누를 자른 후 모양내는 것에 사용합니다.

pH 테스트페이퍼

완성된 비누의 pH수치를 확인할 때 사용합니다.

비누 만들기의 재료

오일

가성소다와 물에 반응하는 재료이며 오일 종류에 따라 다양한 기능성 비누를 만들 수 있습니다.
비누 제조에 필수적인 재료이고 주로 식물성 오일을 사용하며 녹여붓기 비누의 보습제로도 첨가합니다.

저는 다양한 오일을 구비하기 힘들어 비누 만들기을 포기하시는 분들을 위해 단 6가지의 오일만
사용했습니다. 다른 오일로 비누를 만들고자 하시는 분들을 위해 비누 레시피 만드는 방법을
설명해 두었으니 자기만의 레시피로 만들어 비누를 만들어 보시기를 추천합니다.

수산화나트륨(가성소다)

가성소다(NaOH)를 말하며 오일과 반응하여 비누를 만드는 재료입니다.
강 알칼리성으로 다른 물질을 부식시킬 수 있으니 주의해야 합니다.
순도가 높은 것을 사용하는 것이 좋고, 이 책에서는 순도 98%이상의 가성소다를 사용했습니다.

어린이 손이 닿지 않는 곳에 보관합니다
눈, 피부, 옷에 접촉하거나 분진의 흡입을 피해야 합니다.
환기가 잘 되는 곳에서 사용해야 합니다.
가성소다와 정제수가 만나면 온도가 고온으로 올라가기 때문에 피부에 닿지 않도록 주의합니다.
보호 장갑, 안면 보호구, 긴 소매 작업복을 착용 후 다루는 것이 좋습니다.

정제수

가성소다를 녹이는 용도이며 양에 따라 비누의 경도를 조절할 수 있습니다. 허브워터/플로럴
워터/우유/커피/산양유/막걸리/식초 등 다양한 종류의 액체로 비누를 만들 수 있습니다. (수돗
물을 사용할 경우 하루 전에 미리 받아 끓여 금속이온이나 화학성분들을 날려 보낸 후 사용하시기
바랍니다.)

비누 베이스

녹여붓기 제조법으로 비누를 만들 때 활용할 주원료입니다.

비누베이스는 투명 베이스와 화이트 베이스가 기본이며 색소를 첨가한 칼라베이스를 비롯해

다양한 비누베이스가 시판되고 있습니다.

기존의 비누베이스 보다 순하고 질 좋은 비누를 만들고자 하시는 분들을 위해,

재료부터 다른 킨센스만의 비누 베이스를 개발하여 판매 예정입니다.

베이스오일과 특성

[유기농 엑스트라 코코넛 버진오일]

일반 코코넛 오일에 비해 영양소가 풍부하며 특유의 고소한 향이 있습니다. 모유 성분에만 있다고 알려진 라우르산이 50%정도 다량 함유되어 있으며, 면역력 증진과 피부 항균에도 도움을 줍니다. 비누 만들기에 사용되는 대표적인 오일로 사용 시 거품이 풍부하며 세정력이 뛰어납니다. 피부에 발랐을 때 빨리 흡수되며, 부드럽고 탄력 있게 가꾸어 줍니다. 항산화 효과가 있는 비타민 E가 풍부하고 피부에 영양을 공급해주며, 신진대사를 촉진시키고 주름을 방지하여 탄력 저하를 막아 줍니다. 보습과 노화방지 효과가 있어 얼굴과 몸에 마사지용으로 사용해도 좋으며 머리카락에도 사용이 가능합니다.

[유기농 레드팜 오일]

유기농 레드팜 오일은 정제되지 않은 상태의 팜유입니다. 실온에서는 고체 상태입니다. 레드팜 오일은 당근의 15배, 토마토의 300배나 되는 천연 베타카로틴과 항산화 기능이 높은 비타민 A와 E, 토코페롤을 함유하고 있습니다. 거친 피부를 매끄럽고 촉촉하게 가꿔 수분을 유지할 수 있도록 도와주고 피부노화방지에 좋으며 비타민 E와 천연산화방지제가 풍부하게 포함되어 있습니다. 레드팜 오일은 자연적으로 빨간 빛깔을 보이는데, 색소를 넣지 않아도 오일 첨가량에 따라 밝은 노란색에서 오렌지색을 표현할 수 있습니다. 너무 많은 양을 첨가하면 피부에 착색될 수 있습니다.

[유기농 엑스트라 버진 올리브 오일]

[유기농 피마자오일]

올리브 오일은 피부청결, 정화, 트러블, 수분, 보호, 노화, 건조한 피부 관련 제품에 사용할 수 있습니다. 올리브 오일은 불포화 지방산과 항산화 성분인 비타민E, 토코페롤, 폴리페놀 등을 많이 함유하고 있으며, 클로로필이라는 성분으로 인해 초록색을 띱니다. 올리브 오일은 씨앗을 제거한 올리브 열매에서 추출하는데 맨 처음 추출한 오일을 엑스트라 버진 오일이라고 합니다. 전체 오일 추출량의 18~20%에 불과하며 독특한 올리브향이 있습니다. 엑스트라 버진 오일을 추출하고 남은 올리브 찌꺼기에 물을 첨가해 다시 끓이거나 용매제를 이용하는 추출법으로 두번째, 세번째 오일을 추출하는데, 이것을 각각 퓨어, 포마스라 부릅니다. 올리브 오일은 독특하고 강한 향을 가졌지만 가려움을 완화시키고 건조한 피부에 좋은 오일입니다.

피마자유는 아주까리 오일이라 불리기도 하며 다른 오일에 비해 친수성이 높습니다. 피마자유에 포함된 리시놀렌산은 단일 불포화지방산으로서 천연 보습제 역할을 합니다. 점도가 매우 높아 끈적거리며 비누를 단단하게 하고 거품을 오래 유지시키는 기능을 합니다. 풍부한 리시놀레산의 지방산을 함유하고 있어 건조하거나 노화된 피부, 면역력이 약한 피부에 도움을 주며 보습작용이 있습니다. 또한 풍부한 거품을 유지시켜주고 노폐물, 독소를 제거하는 해독력을 가지고 있습니다 다른 캐리어 오일과 섞어 단단한 비누를 만들 수 있으며 거품을 오래 유지시켜주고 트레이스가 잘 일어나는 오일이기도 합니다. 단단하고 거품이 오래 유지되는 비누를 만들 때 많이 사용되며 투명 비누 제조시 투명도를 높여주는 등 중요한 역할을 합니다.

[유기농 달맞이 오일]

[유기농 비정제 쉐어버터]

달맞이꽃 종자유는 고보습 고유연성 오일로 필수 지방산(감마리놀렌산, 오메가6)이 풍부하여 피부 보습, 민감성 트러블, 지성 트러블, 가려움 진정, 건조한 피부, 노화방지, 손상된 손톱케어 관련 제품에 사용하면 좋습니다. 왕의 만능약이라 알려진 달맞이오일은 건조하고 민감한 피부치료에 탁월한 효과가 있어 아토피를 위한 오일로도 많이 사용합니다. 인체의 신체는 리놀레산과 같은 필수지방산을 생산하지 못하기 때문에 직접 섭취나 피부에 적용함으로써 이런 영양분을 얻는 것이 매우 중요합니다. 씨앗에서 추출한 노란색과 초록색 사이의 빛깔을 띄는 오일인 달맞이종자오일은 일반 식물성 오일에 비해 지용성 영양을 풍부하게 함유하고, 불포화지방산의 함류량이 높아 영양분이 가득있어 가렵고, 문제가 많은 피부에 사용되고 있지만 약간의 특이취를 가지고 있습니다.

쉐어버터의 프랑스어 카리테는 실제 아프리카에서 부르는 이 나무의 명칭입니다. 즉 쉐어버터란 카리테 나무의 열매에서 추출된 버터입니다. 이 나무를 아프리카 말로는 "1000의 효험을 가진 나무" 또는 "영생의 나무" 로도 불리기도 합니다. 비타민 A,D,E,F,다른 어느 천연식물보다 많은 unsaponifiable (천연 지방산 등)을 함유하고 있습니다. 아몬드와 같이 작은 열매로부터 추출되는 지방성분. 피부를 연화 시키는 효과가 있고 , 비교적 기름진 느낌이 적습니다. 또 우수한 보습력으로 큰 보습 효과를 부여해줍니다. 비정제 쉐어버터는 특이취가 있지만 단백질이 풍부하며 뛰어난 보습효과가 있습니다. (건성 피부, 피부염, 화상, 염증 등에 사용하시면 관리에 도움을 주며 각종 크림에 적용)비누 제조시 사용하면 풍부한 거품을 생성하고 비누를 단단하게 해줍니다. 버터류는 열에 약하므로 저온에서 서서히 녹이는 것이 좋습니다.

그 외 다양한 오일들

팜	포화 지방산의 비율이 높아 비누화 촉진, 비누를 단단하게 만들어 주고, 피부친화력이 좋아 부작용이 거의 없고 거품을 만드는 주요한 역할하는 오일
녹차씨	카테킨, 비타민A, 탄닌,토코페롤, 아미노산을 다량 함유하고 있는 오일
살구씨	비타민이 풍부해 탄력, 미백과 각질 제거에 탁월하고 피부를 윤기있게 해주는 오일
마카다미아 너트	주성분은 올레인산이며 지방산 조성이 피부지질의 지방산 조성과 유사하여, 피부에 빠르게 흡수되고, 피부의 수분장벽기능을 유지하는 지방산들이 포함되는 오일
동백	피부에 저자극 진정효과와 건조로 인한 가려움에 효과, 감마리놀렌산이 풍부하여, 각질관리,주름완화에 도움을 주고 모든 피부에 사용 가능한 오일.
스위트 아몬드	불포화지방산이 풍부하여 진정효과, 건조 & 민감한 피부 / 모든피부에 적용
블랙세서미	천연비타민E와 항산화 물질이풍부해 피부를 젊고 건강하게 하는 오일
대두유(콩)	지성피부에 도움을 주고 리놀렌산이 주성분이며, 주름과 탄력개선에 도움을 주며 비누거품이 끊어지지 않도록 거품 지속역활을 하는 오일
윗점	단백질, 비타민, 식이섬유가 풍부하여, 건성, 노화피부, 탄력에 도움을 주는 오일
아보카도	비타민A와 E, 레시틴을 비롯해 그 밖의 많은 영양분을 함유하고 있고, 피부를 촉촉하게 하고 부드러운 느낌을 주고 보습 효과와 필링 효과가 있는 오일
미강	쌀겨에서 추출한 오일, 비타민 E와 미네랄이 풍부하여 피부진정효과가 뛰어나 아토피, 건성 피부에 도움을 주고 비누 제조시 비누화가 빨리 진행되는 오일
월계수	트러블피부, 두피케어, 발심향을 내며 비누 제조시 풍성한 거품을 내는 오일
월넛	호두에서 추출한 오일로 지방질, 단백질, 각종 비타민, 섬유질, 철분 등을 함유하고 있어 피부 노폐물 제거와 세포 재생에 효과가 있는 오일
호호바	향균작용, 여드름피부, 노폐물을 잘 용해하며, 피부피지,지방산이 유사한 고급오일
헤이즐넛	올레인산, 리놀레인산의 함유로 피부에 좋으나 포화지방오일과 사용해야 하는 오일
님	마늘, 유황과 비슷한 냄새와 쓴맛의 오일로 비타민E와 필수아미노산을 포함한 오일
코코아버터	피부에 수분을 공급, 보습효과가 뛰어나고 부드러운 사용감을 가지는 오일
포도씨	피부의 유연성을 증진, 노화방지, 지성피부에 좋고, 미네랄, 비타민이 풍부한 오일
카놀라	올리브오일과 유사한 성질이 있어 올리브오일 대용으로 사용되기도 하는 유채꽃에서 얻어지는 오일로 보습 기능이 뛰어나고 피부 신화력이 높은 오일

첨가물

분말 & 허브

분말이 가지고 있는 효능과 색을 비누에 담기 위해 사용합니다. 용도에 따라 보습과 피부 진정, 노폐물 제거에 효과가 있는 분말을 선택할 수 있습니다.

색소

예쁜 디자인 비누를 만들기 위해 자주 사용되는 재료로, 광물에서 얻어지는 원료에서 불순물을 제거한 뒤 깨끗하고 안전하게 만들어 나온 재료입니다.

추출물

특정 재료에서 기능적인 요소를 추출해서 만드는 고기능성 원료입니다. 미백, 여드름, 기미, 주근깨 등 원하는 효능에 따라 첨가하면 됩니다. 처음 액상 타입의 추출물이나 첨가제를 사용할 때는 비누 1kg 기준 5g 이하로 첨가하는 것이 적당합니다.

보습제

보습제에는 오일, 글리세린, 버터류 등이 있으며 보습 효과를 높이기 위해 녹여 붓기 비누에 첨가하기도 합니다. 보습제를 첨가할 때는 비누 전체 중량의 1% 이하로 첨가하는 것이 좋습니다.

보존제

천연원료를 사용하는 천연비누는 일반비누와 달리 보존기간, 즉 유통기간이 상대적으로 짧습니다. 온도가 습하고, 직사광선 등에 민감한 비누의 사용기간을 늘려주기 위해 비타민 E나 항산화제를 첨가합니다.

향

천연비누에는 아로마에센셜 오일과 플레이버 오일, 인공합성향 등을 주로 사용하는데, 각 오일이 가지는 특성에 따라 첨가량은 많이 달라집니다. (많은 비누 관련 서적에서는 보통 10~15ml를 추천하는데 실제 에센셜 오일의 경우 첨가량에 따라 자극이 심한 경우도 있으므로 주의해야 합니다.)

이 책에서는 이러한 준비물을 모두 구입해야 한다는 부담감과 번거로움을 대신하기 위해 원물(과일& 건강재료)로 첨가물을 직접 만들어 사용하는 법을 공개하였습니다.

제작용어

디스카운트 (Discount)
디스카운트란 필요한 가성소다의 양을 줄이는 방법입니다. 전체 오일을 100% 비누화하는 가성소다의 양을 1~7%를 줄여 오일의 일부를 비누화시키지 않고 지방산 형태로 남기는 것을 의미합니다.

비누화
알칼리에 의해 지방이 가수분해되어 비누와 글리세린으로 만들어지는 과정을 말합니다.

슈퍼펫(Superfat)
비누화된 베이스오일 외 기능성 오일을 첨가함으로 비누화되지 않은 오일을 남기는 방법입니다. 영양이 풍부한 비누를 만드는 방법으로, 많이 넣으면 산패가 촉진될 수 있으니 3% 내외로 첨가하는 게 좋습니다.

트레이스
오일과 가성소다, 물이 비누로 변화하는 과정에서 나타나는 자국입니다. 액체 상태의 비누를 젓는 과정에서 점점 진한 요거트 정도의 형태가 되는 것을 트레이스라 부릅니다.

보온
보온은 물리적으로 열처리 과정을 거치지 않고 자연스럽게 비누화 과정을 거쳐 고형비누로 제조되는 과정을 의미합니다. 이 때 주변 환경에 영향을 받지 않고 비누화 반응이 안정적으로 이루어지는 조건을 만들어 주는 것이 중요합니다. 비누의 보온을 위해 스티로폼박스나 보온고를 사용합니다.

젤화
보온을 할 때 비누액의 온도가 높아지거나 트레이스가 많이 진행된 비누에 나타나는 현상으로 비누가 투명감을 띄는 것을 말합니다. 사용감이 부드러울 수 있지만 산패가 빨리 진행될 수 있습니다.

건조
보온이 끝난 비누는 적당한 크기로 잘라 통풍이 잘되는 곳에서 건조시킵니다. 이 과정에서 비누 속에 남아있던 알칼리 성분들이 비누화되고 글리세린이 생성됩니다. 습도와 온도를 가을 정도의 환경으로 맞춰 주어야 비누를 오래 사용할 수 있습니다.

비누 만들기의 유용한 활용법

1. pH란?

▌pH수치 >>> 1~3→강산성, 4~6→약산성, 7~8→중성, 9~11→약알칼리성, pH12~14 → 강알칼리성

산성, 중성, 염기성으로 구분되며 pH7을 중성이라 부르며 보통 pH는 1~14의 값으로 표시합니다. CP 비누는 약알칼리 성질로 pH 수치가 9 이상을 띠게 됩니다. 하지만 이 방식은 정확한 수치를 측정하기는 불가능하고 산성, 중성, 염기성 성질을 알아내는 정도입니다. 직접 제조하는 비누는 보통 종이 테스트 용지로는 8~9 사이의 값이 나와야 무리 없이 사용할 수 있고, 9 이상의 수치가 나온다면 가성소다양이나 만드는 과정, 보온의 문제를 다시 생각해 봐야 합니다.

2. 안전하게 가성소다 녹이는 팁

(1) 뚜껑 없는 스테인리스 통에서 녹이는 방법

환기가 잘 되는 곳에서 보호 장비를 착용 후 정제수에 가성소다를 넣고 저어주면서 온도를 내립니다. (이때 유독가스가 나올 수 있으니 보호장비(장갑 / 마스크 등등) 착용 필수)

(2) 뚜껑 있는 내열 플라스틱 통으로 가성소다를 녹이는 방법

내열 플라스틱통에 살얼음의 정제수를 넣거나 수상 총량의 70~80% 정도를 얼음으로 채우고, 나머지를 정제수나 생수로 계량합니다. 이때 가성소다를 넣고 바로 뚜껑을 닫은 후 빠르게 회전시켜 주어 녹여 줍니다. 가성소다 덩어리가 남아있을 때는 잠시 두었다 살살 흔들어 주면 천천히 녹습니다. (내열 플라스틱/스크류용기(폴리프로필렌)는 몇 번 사용 후 바꿔야 하기에 환경적으로 좋지 않습니다.)

3. 비누 보온하는 법

같은 레시피로 만든 비누라도 끝까지 보온에 신경을 써야 비누 제대로 나올 수 있습니다. KP비누는 만드는 과정(60도)도 보온(60도)도 중요합니다. 비누를 만드는 계절과 온도에 따라 비누의 결과물이 다르게 나올 수 있으며, 비누를 만드는 온도는 18도~22도, 습도는 35~45%를 추천해 드립니다.

4. 비누 스탬프 찍는 방법

▌몰드에서 빼낸 비누를 자른 후 다음날에 스탬프를 찍는 것이 더 깨끗하게 찍을 수 있어요.

(1) 펄을 묻히지 않고 스탬프 찍는 방법

스탬프에 에탄올을 살짝 뿌리고 비누의 단면에 찍을 위치를 정한 후, 힘을 잘 분산시키고 중앙에서 손에 힘을 돌려가며 눌러 찍습니다.

(2) 펄을 묻혀서 찍는 방법 (펄을 묻혀 찍으면 고급스러움을 표현할 수 있습니다.)

스탬프에 펄을 묻힌 후 바닥에 가볍게 쳐서 스탬프 사이로 들어간 펄을 제거하여 털어 냅니다. 전체적으로 힘을 분산시킨 후 손에 힘을 돌려가며 눌러 찍고 조심스럽게 떼어냅니다.

5. 비누 도구 안전하게 세척하는 방법

(1) 도구를 즉시 세척하는 방법

비누를 만들고 나면 용기에 남아 있는 비누 용액은 비누화 반응 전이라 오일과 가성소다수가 섞인 기름입니다. 그렇기에 모든 도구와 장비들을 구긴 신문지나 안 쓰는 손수건으로 모두 닦아냅니다. (닦아낸 손수건은 싸두었다가 30일 지나 빨래하면 깨끗이 세탁됩니다.) 에탄올이나 식초를 골고루 뿌려주세요. 다음은 물과 세제로 세척합니다. (손이나 피부에 비누용액이 닿지 않게 장갑을 꼭 사용해 주세요.)

(2) 도구를 쉽게 세척 방법

사용한 도구들은 물 넣지 않고 만들고 후 그대로 48시간 그냥 둡니다.
이후 더 이상 기름처럼 미끌거리지 않을 때 물 부었다가 잠시 후에 세척하면 됩니다.
다음은 에탄올이나 식초를 골고루 뿌려주시고 다시 한번 닦아주시면 깨끗하게 닦을 수 있습니다.
(손이나 피부에 비누 용액이 닿지 않게 장갑 꼭 사용해 주세요.)

6. 핸드 블렌더 세척하는 방법

비누 만들기를 마친 핸드블렌더에 묻어있는 비누액을 주걱으로 전부 긁어냅니다.
안전하게 핸드 블렌더가 작동하지 않도록 전원을 끄고, 핸드 블렌더를 분리하고, 스테인리스 비커나 비슷한 다른 용기에 뜨거운 물을 채우고 헤드를 물에 잠기도록 끝까지 넣습니다. 그런 다음 몇 초 동안 블렌더를 켜서 모든 비누액이 뜨거운 물에 녹도록 합니다.

7. 가성소다 폐기하는 방법

가성소다는 법에서 규정하는 유독 물질임으로 지정 폐기물 처리 방법에 의해 중화처리를 거친 뒤 폐기하도록 규정하고 있습니다. 가성소다 수용액을 버려야 하는 경우 반드시 가성소다의 약 10배 정도 되는 물에 녹여, 구연산이나 식초로 중화시킨 후 폐기해야 합니다.

8. 제조년월 표기

천연비누의 제조연월일을 표시해 두면 이날을 기준으로 건조시간과 비누를 사용할 수 있는 시간을 쉽게 알 수 있어 관리하기 편리합니다.

비누 만들기 전 결정해야할 것

비누 레시피 구성방법

첫 번째. 만들 비누의 성격 결정

제작하려는 비누의 성격을 결정해야 합니다. (아토피, 지성, 중성, 건성, 여드름, 유아 등 사용할 대상 결정)

두 번째. 만들 비누의 중량 결정

비누의 중량을 결정해야 합니다. 보통 1kg의 비누를 제조할 때 오일의 총량을 750g 정도로 구성하면 1kg의 비누가 만들어지며, 11장 정도로 잘라 사용하면 적당합니다.

세 번째. 만들 비누의 성격에 맞는 코코넛유, 팜유의 양 결정

비누화를 안정적으로 진행시켜주는 포화지방산은 다른 식물성 오일에 비해 코코넛유와 팜유에 풍부하게 함유되어 있습니다. 이 오일들은 비누화했을 때 첨가량에 따라 비누의 세정력과 경도 등에 영향을 주게 됩니다.

네 번째. 피부 타입에 맞는 오일과 첨가량 결정

피부 유형에 맞는 오일들을 선정하고 첨가량을 결정합니다. 여드름 피부를 위해 녹차씨유를, 보습을 위해 올리브유를, 혹은 아토피 피부를 위해 달맞이꽃 종자유 등을 첨가할 수 있습니다.

다섯 번째. 가성소다의 양과 디스카운트 비율을 결정

오일과 첨가량이 결정되었다면 가성소다를 얼마나 넣을 것인지, 디스카운트는 얼마나 할 것인지를 결정해야 합니다. 가성소다 도표(참고.142p)와 전자계산기를 이용하여 가성소다값을 산출한 뒤 디스카운트 양을 결정하면 됩니다. 레시피 구성에 포화지방산이 40% 이하일 때에는 디스카운트를 추천하지 않습니다.

여섯 번째. 정제수의 양 결정

이제 정제수의 양을 결정해야 합니다. 포화지방산의 비율에 따라 정제수의 양을 조절 할 수 있고, 오일 총량의 28~40%로 조절 가능하나 33%가량을 사용하는 것이 일반적입니다. 정제수량을 작게 조정하면 단단한 비누를 만들 수는 있지만 좋은 성분을 고루 분포시키기 위해 많이는 조절하지 않기 바랍니다.

TIP. KP비누를 만들 때, 과일청은 수분을 함유하고 있어, 수상을 30%로 조절해 주는 것이 좋습니다.

일곱 번째. 첨가물 종류와 용량 결정

시너지 효과를 줄 수 있는 첨가물을 선택합니다.

이것은 천연비누의 사용감을 더욱 증진시키고 기능성도 높이는 효과가 있습니다. CP 첨가물은 기능성 분말,
기능성 추출물은 비누총량의 2% 내외, 에센셜 오일은 비누총량의1~3%를 첨가합니다. KP의 첨가물인
과일청 & 건강청은 비누총량의 3%~4%를 첨가합니다.

여덟 번째. 레시피 완성(1kg 기준)

CP 레시피		KP 레시피	
오일(750g)	코코넛유 200g 팜유 150g 달맞이꽃 종자유 80g 올리브유 200g 피마자유 100g 시어버터 20g	오일(750g)	코코넛유 200g 팜유 150g 달맞이꽃 종자유 80g 올리브유 200g 피마자유 100g 시어버터 20g
가성소다(NO DC)	112.2g	가성소다(NO DC)	112.2g
수상(33%)	247.5g	수상(30%)	225g
첨가물(20%)	진피분말 10g, 글리세린 5g, 어성초 추출물 5g	첨가물	레몬청 30g
보존제	비타민E 5g		
향	아로마에센셜오일 20g		

비누 레시피 작성방법

비누만들기 전에 결정 할 것

총 오일의 양
CP, KP 비누를 1Kg을 만드는데 필요한 오일은 약 750g입니다.

오일의 구성 비율
코코넛, 팜 오일을 중심으로 피부타입에 따라 4~6가지의 오일을 선택하여 만들 수 있습니다.

가성소다양 계산하기
비누화값을 이용하여 오일의 가성소다의 양을 레시피에 따라 계산해야 합니다.
여러분께서 쉽게 계산을 하시도록 비누계산기를 소개합니다.

비누계산기 앱 – 플레이스토어, 앱스토어 접속 후 비누계산기 검색

 비누계산기
버블뱅크

 비누계산기
국제아로마테라피협회

 Saponify Soap Calculator
Saponify

비누계산기가 없다면 비누화 값을 이용하여 가성소다의 양을 계산합니다. (참고.120p)

가성소다 계산하기 >>> 오일량 × 비누화값 가성소다양
(예 . 올리브오일 750 × 올리브오일 비누화값 0.134 = 100.5g)

정제수의 값 계산하는 법
오일 양의 28~40% 정도입니다. 평균적으로 30~33%를 사용합니다.

첨가물 종류 및 양 계산하는 법
CP(1kg)일 때 – 식물성 분말 or 색소(옥사이드) 10~20g, 보존제 5g, 아로마오일10~30g
KP(1kg)일 때 – 수제청 20~40g

아로마 에센셜 오일
모두 총 비누 분량의 1~3% 정도로 계산합니다.

INS값 계산하는 법

[로버트 맥다니얼- Essentaiiy Soap] 각 오일의 지방산 수치는 추출법이나 작물의 상태 등의 여러가지의 변수로 달라지기 때문에 정확한 수치를 나타내기 쉽지 않습니다.유지의 사용량과 INS값을 곱해서 유지총량으로 나누어 낸 IN값이 165 이상이면 단단한 비누를 예상할수 있고, 120 이하이면 무른 비누를 예상 할 수 있습니다. 이 수치는, 고체 비누를 만들 때에 고려 할 사항으로 물비누를 만드는 경우에는 고려하지 않습니다.

비누계산기가 없다면 INS값을 이용하여 계산합니다. (참고.120p)

오일 양	INS 값	오일 양 × INS 수치
코코넛유 250g	258	64,500
팜유 250g	145	36,250
올리브유 250g	109	27,250
총량 750g		128,000

(총 INS값 128,000 / 오일총량 750 = 170,67)

INS 값의 따른 비누 경도 예상

120 이하 경도가 매우 약함	←	145 ~165 경도가 적당함	→	165 초과 경도가 매우 강함

피부타입별 비누 만드는 방법

오일의 비율로 기준 잡기

피부 유형은 각질층의 수분량과 피지 양에 따라 분류합니다.
물론 사람마다 피부 유형은 차이가 있고 외부 환경과 계절에 따라 달라집니다.

이에 비누의 주원료인 오일별로 새롭게 가이드라인을 구성하였습니다.
얼마 전까지만 해도 건성 4:6, 중성 5:5, 지성 6:4를 기준으로 비누를 만들었으나, 사람들의 피부가 점점 예민, 건조해지고 중복합성이 많아지면서 포화지방산과 불포화지방산의 비율도 점점 변화하고 있습니다.

코코넛유와 팜유는 다량의 포화지방산을 함유하고 있습니다. 이 두 오일의 특징은 기온이 높을 때는 액체 상태이고, 그 밖의 계절에는 거의 고체 상태가 된다는 것입니다. 올리브유나 피마자유와 같이 불포화 지방산이 다량 함유된 오일과 혼합해서 비누화시키면 보습력과 기능성을 모두 갖춘 비누를 제조할 수 있습니다.

[피부타입에 따라 변화하고 있는 포화지방산과 불포화지방산의 비율]

건 성
포화지방산 3 : 불포화지방산 7
예) 코코넛유 200, 팜유 23g, 올리브유 327g, 피마자유 150g, 달맞이유 50g

중 성
포화지방산 4 : 불포화지방산 6
예) 코코넛유 240g, 팜유 124g, 올리브유 286g, 피마자유 60g, 달맞이유 40g

지 성
불포화지방산 5 : 불포화지방산 5
예) 코코넛유 304g, 팜유 210g, 올리브유 176g, 피마자 60g

* 오랜 연구와 실습에 의한 결과값 임으로 절대적인 값은 아닐 수 있고, 만드는 사람마다 다를 수 있습니다.

Part 3.

첨가물 만들기

1. 수제청을 첨가물로 쓰는 이유

과일과 원재료를 일정 비율의 설탕과 잘 버무려 두면, 설탕에 의해서 삼투압 현상이 일어납니다. 이때 원재료의 수분과 영양소가 함께 배출되며 숙성 과정을 통해 맛과 영양분이 풍부해진 것을 수제청이라고 합니다.

비누는 음이온 알칼리성이기에 세정 능력은 높지만 피부가 건조해 질 수 있습니다.
많은 비누 제작자는 좋은 비누를 만들기 위해 다른 재료들을 갖춰야 하는 번거로움을 가지고 있으며, 순한 비누를 만들기 위해 *pH 조절제와 *구연산을 넣어 중화시키기도 합니다.

이에 저는 많은 연구를 통해 산이 많이 들어가 있는 과일 & 원재료와 스크럽에 효과적인 설탕을 접목해 산도를 낮추고 중화시키는 방법을 알아 내었습니다. pH테스트지는 여러종류가 있지만 대부분 14, 11pH테스트지를 사용하고, 필자는 11pH 테스트지를 사용하였습니다.

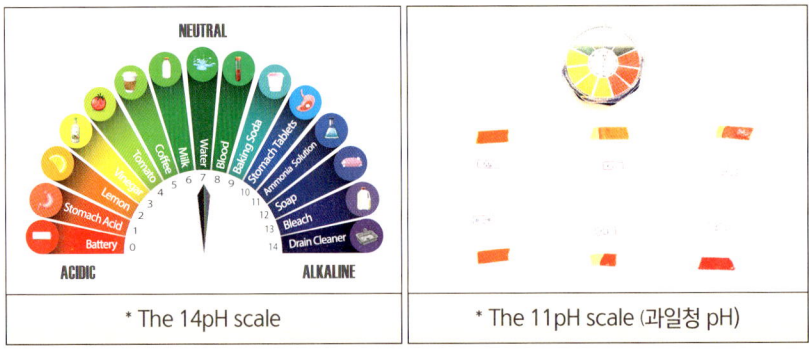

| * The 14pH scale | * The 11pH scale (과일청 pH) |

이것은 KP비누의 첨가물인 킨센스의 과일청의 pH(10일 기준)입니다.
원재료들은 작황에 따라 수치가 달라질 수 있으므로, 절대의 값은 아닙니다.

*사과청(pH 3.5) *자몽청(pH 3.2) *파인애플청(pH 3) *키위청(pH 2.5) *레몬청(pH 2) *4가지 과일청(pH 3)
*매실청(pH 3) *레몬생강청(pH 3) *오미자청(3pH) *배도라지청(pH 4) *꿀인삼청(pH 4)

수제청은 만든 후 5일~ 10일 이내의 것을 사용하시면 가장 좋고, 발효가 오래 될수록 외부에 기포가 생길 수 있습니다.

누구나 친환경 비누를 만들어 쓸 수 있으면 좋겠다는 생각으로 가정에서 구비하고 있거나 쉽게 만들 수 있는 원재료로 비누를 제작할 방법을 찾기 위해 많은 노력을 해 왔고, 그 끝에 수제과일청을 비누에 접목하게 된 것입니다.

이 책에서는 설탕별로 수제청을 쉽게 만드는 방법을 설명하였으며,
수제청을 비누에 넣는 방법은 가성소디수에 넣는 법, 첨가물로 넣는 여러방법으로 설명했습니다.

첨가물 만들기

(1) 설탕을 첨가물에 넣는 이유

피부 관리에 대한 관심이 높아짐에 따라 관리를 위한 제품과 기술에 대한 소비자들의 기대 욕구도 상승하고 있습니다.

피부 전문가들은 맑고 깨끗한 피부를 가지려면 피부 관리 방식 중의 하나인 각질 제거가 꼭 필요한 요소라고 말합니다.

천연 각질제거제로는 어떤 것이 있을까요?
그렇습니다. 설탕입니다.

설탕은 보통 요리에서 감미료로 사용되지만, 수십 년 전부터 많은 여성이 천연 화장품으로도 사용해 왔습니다.

[영국의 데일리 메일 보도] 설탕의 연마 및 보습 작용이 피부 진피에 작용하여 죽은 세포와 기타 잡티를 제거할 수 있고, 설탕을 얼굴에 바르면 한층 더 젊은 피부를 가질 수 있어 노화 방지에 효과적이라고 합니다.

설탕 안에 있는 '천연 보습제'가 세포에 수분을 부여하며, 그 덕분에 피부는 겨울에도 촉촉함을 유지할 수 있습니다. 또한 설탕은 모공을 꼼꼼하게 청소하고, 블랙헤드와 여드름을 유발하는 더러운 먼지를 제거합니다.

게다가 설탕은 글리콜산이라고 알려진 물질을 함유하고 있는데, 이 성분은 세정제나 화장품이 피부에 남기는 죽은 세포, 잔류 화학 물질을 없애줍니다. 또한 부드럽고 활력 넘치는 피부를 가꿀 수 있으며 반점이나 기타 변화가 생길 위험도 줄일 수 있습니다.

▌기존 첨가물에 대한 정보는 부록에 수록되어 있습니다.

(2) 설탕의 5종류

1. **유기농 비정제 마스코바도.** 당분 즙을 그대로 끓이면서 수분을 증발시켜 농축한 결정
2. **유기농 원당.** 설탕이 결정체를 이룰 때까지 사탕 수수액을 끓인 것
3. **백설탕.** 정제 과정에서 가장 먼저 추출되는 설탕
4. **황설탕.** 백설탕에 열을 가해 색이 생긴 설탕
5. **흑설탕.** 캐러멜을 가미해서 색과 향을 낸 설탕

상황에 따라 설탕을 달리 선택하는 것도 좋은 방법입니다.

재료의 순수함을 살리기 위해선 정제당을 사용하고, 미네랄, 식이섬유 등 각종 영양소를 부여하기 위해서는 유기농 원당, 마스코바도를 쓰는 것이 좋습니다.

당분의 종류	당분의 색	당분의 맛	당분의 향	보존성
흑설탕	강	강	강	하
황설탕	중	중	중	중
백설탕	무	무	무	상
유기농 원당	중	중	중	중
마스코바도	강	중	강	하

2. 수제청 만들기 준비과정

(1) 도구

저울

가정에서는 전자저울을 추천하며, 계량 단위는 1g 정도면 좋습니다.

계량컵

재료의 양을 재는 도구로 180, 200, 500, 1,000mL의 용량 단위를 보입니다.

계량스푼

계량컵과 마찬가지로 재료의 양을 재는 도구로, 1T는 15ml를 의미합니다.

믹싱 볼

믹싱 볼은 과일이나 야채를 세척할 때 사용하고, 무치거나 버무리는 용도로도 사용합니다. 재질은 스테인리스, 플라스틱, 유리가 있습니다. 유리는 투명하고 깔끔하지만 무겁다는 단점이 있습니다. 스테인리스 재질은 유리에 비해 다소 가벼운 것이 장점이지만, 비타민은 철과 닿으면 파괴될 수 있고 산이 많은 식품을 장시간 담아 놓을 경우 녹이 발생할 수 있으니 주의하시기를 바랍니다.

당도계

당도계는 당의 함량을 측정하는 기계를 말합니다. 단위는 브릭스(Brix)로 표시합니다.

* 매년 작황에 따라 과일의 당도가 차이가 날 수 있어 가지고 있으면 편리하지만 없어도 무방합니다.

(2) 용기 소독하는 법

▌열탕 소독

1. 병을 깨끗하게 씻어줍니다.

2. 병이 반 정도 잠기는 양의 물을 냄비에 담습니다.

3. 가열하기 전에 미리 세척한 병을 넣습니다.

4. 중불에서 (수증기가 차올라 유리병의 투명함이 수증기로 사라질때까지) 약3분 동안 끓여 줍니다.

5. 물을 털어내고, 병을 뒤집어서 건조합니다.

(3) 과일 세척 방법

▌ 재료 : 껍질을 벗기지 않은 과일, 베이킹소다, 굵은소금, 식초

1. 과일과 베이킹소다, 굵은소금를 준비합니다.
2. 레몬에 베이킹소다를 뿌린 뒤 문지르고 물에 잠시 담급니다.
3. 굵은소금으로 문지릅니다. (사과, 키위, 파인애플 제외)
4. 식초를 희석시킨 물에 약 10분간 담그고 씻어냅니다.
5. 끓는 물에 레몬을 넣어 한 번 저어준 후 바로 꺼냅니다. (사과, 키위, 파인애플 제외)

   tip. 과일 표면의 왁스가 뜨거운 물에 녹습니다.

▌ 왁스란? 왁스(Wax)는 물에 녹지 않는 알코올 지방산 에스터를 총칭해서 부르는 말입니다.
▌ 과일을 장기 보존하거나 광택을 내기 위해 사용합니다.

Homemade Lemon Syrup

3. 과일청 만들기(1)
레몬청 만들기

▌재료 : 레몬 300g, 하얀 설탕 330g, 베이킹소다, 굵은소금, 식초

1. 베이킹소다로 레몬을 세척하고 식초에 잠시 담가둔 뒤 뜨거운 물에 한 번 넣었다가 꺼냅니다.

   (참고. 세척 방법 57p)

2. 세척한 레몬을 0.5cm 두께로 슬라이스해 주세요.

   TIP. 레몬 꼭지에는 쓴맛이 많기 때문에 과육이 보일 정도로 자른 뒤 버립니다.

3. 슬라이스한 레몬은 꼭지부분과 씨앗을 제거합니다.

   TIP. 레몬 씨앗에는 쓴맛이 있어서 다 제거하는 것이 좋습니다.

4. 슬라이스한 레몬에 하얀 설탕을 300g 넣은 후 살살 버무려 줍니다.

5. 설탕이 녹았으면 소독된 용기에 버무린 레몬을 넣습니다. (용기 소독법은 1장 참고)

6. 윗부분에 레몬 무게의 10%인 30g의 설탕을 뿌려줍니다.

7. 설탕이 가라앉으면 실온에 두고 하루에 한두 번씩 저어 줍니다.

8. 설탕이 모두 녹은 뒤 병을 냉장고에 넣고 5일간 숙성하면 레몬청이 완성됩니다.

   TIP. 병에 넣은 후 실온에서는 설탕이 녹을 때까지 두는데, 이때는 자주 흔들어 주거나 소독된 나무 숟가락을 넣어서 저어줍니다. 그리고 하루에 한두 번씩 뚜껑을 열어 가스를 빼 주어야 합니다. 가스를 빼지 않으면 가스로 인해 과일청이 넘칠 수 있으며, 심한 경우 병이 폭발할 수 있으니 용기의 80% 정도만 담는 것이 좋습니다. (모든 과일청의 과정은 같습니다.)

Homemade Grapefruit Syrup

3. 과일청 만들기(2)

자몽청 만들기

▌재료 : 자몽 300g, 유기농 설탕 330g, 베이킹소다, 굵은소금, 식초

1. 자몽을 세척합니다. (세척 방법은 57쪽 참고)
2. 자몽 앞뒤 꼭지 부분을 잘라낸 후, 옆 껍질까지 슬라이스해 주세요.
3. 2번에 300g만큼 유기농 설탕을 넣은 후 살살 버무립니다.
4. 설탕이 녹을 때까지 기다립니다.
5. 소독된 용기에 버무린 자몽을 넣습니다.
6. 5번에 윗부분에 30g의 설탕을 뿌립니다.
7. 설탕이 가라앉으면 실온에 두고 하루에 한두 번씩 저어줍니다.
8. 유기농 설탕이 완전히 녹으면 냉장고에 넣고 5일간 숙성하면 자몽청이 완성됩니다.

    TIP. 숙성된 수제과일청은 냉장고에서 약 3개월 동안 보관할 수 있습니다.

    하지만 곰팡이가 생기기 쉬우니, 자몽이 당을 흡수할 때까지 냉장고에서도 한 번씩 저어 주는

    것이 좋습니다.

Homemade Kiwi Syrup

3. 과일청 만들기(3)

키위청 만들기

▌재료 : 키위 300g, 유기농 설탕 330g, 베이킹소다

1. 물에 베이킹소다 한 스푼을 넣고, 키위를 약 30분 담가둔 후에 수세미로 문질러 키위의 털을 제거하면서 세척합니다.

   TIP. 키위는 단단한 그린 키위를 선택하며, 숙성하지 않고 사용합니다.

2. 키위의 껍질을 벗긴 후, 0.5cm 두께로 슬라이스합니다.

   TIP. 방법1 - 키위를 슬라이스해서 만듭니다. (버무릴 때 과육이 부서지기 쉬우니 주의)

   　　　방법2 - 키위를 손으로 으깨어서 만듭니다. (청이 잘 만들어지지만 사용할 때 번거로움)

3. 2번에 유기농 설탕 300g을 넣어 버무립니다.

   TIP. 키위청은 효소가 많아 부글거리기 때문에 같은 양의 설탕을 사용합니다.

4. 소독된 용기에 3번을 넣습니다.

5. 4번에 윗부분에 30g의 설탕을 뿌립니다.

6. 설탕이 가라앉으면 실온에 두고 하루에 한두 번씩 저어줍니다.

   TIP. 이틀 정도면 유기농 설탕이 모두 녹습니다.

7. 유기농 설탕이 완전히 녹으면 냉장고에 넣고 5일간 숙성하면 키위청이 완성됩니다.

Homemade Pineapple Syrup

3. 과일청 만들기(4)

파인애플청 만들기

▌재료 : 파인애플 300g, 유기농 마스코바도 설탕 300g, 베이킹소다

1. 베이킹소다 한두 스푼을 넣은 물에 파인애플을 약 20분 담가 세척한 뒤 흐르는 물에 헹굽니다.

2. 파인애플 껍질을 벗긴 후 잘게 썰어 줍니다.

3. 2번에 유기농 설탕 270g을 넣은 후 버무립니다.

   TIP. 파인애플과 설탕은 같은 양을 사용합니다.

4. 소독된 용기에 버무린 파인애플을 넣습니다.

5. 버무린 파인애플 윗부분에 30g의 설탕을 뿌립니다.

6. 실온에 두고 유기농 마스코바도 설탕이 녹을 때까지 하루에 한두 번씩 저어줍니다.

   TIP. 이틀 정도면 설탕이 모두 녹습니다.

7. 설탕이 모두 녹은 뒤 냉장고에서 5일간 숙성하면 파인애플청이 완성됩니다.

   TIP. 파인애플은 효소가 많은 과일입니다. 부글거림이 많아 병 속에 탄산가스가 많이 찰 수 있

   으니, 처음에는 하루 한두 번씩 뚜껑을 열어 탄산가스를 빼 줘야 합니다.

   숙성된 파인애플청은 냉장고에서 3개월 동안 보관 가능합니다.

Homemade Apple Cinnamon Syrup

3. 과일청 만들기(5)
사과 시나몬청 만들기

재료 : 사과 300g(1개), 설탕 240g, 시나몬 2~3조각,
레몬 슬라이스 3개, 베이킹소다, 식초

1. 베이킹소다 한두 스푼을 넣은 물에 사과와 시나몬을 세척합니다.
   두 번 헹군 뒤 마지막으로 식초를 섞은 정수에 헹궈주세요.
2. 씻은 사과와 시나몬은 체에 밭쳐 물기를 뺍니다.
3. 사과를 반으로 자른 다음, 가운데 씨앗을 제거합니다.
4. 사과 결을 따라 0.5cm 두께로 슬라이스한 뒤 잘게 자릅니다.
5. 4번에 설탕 210g을 넣어 버무립니다.
   TIP. 사과가 부서지기 쉬우니 주의해야 합니다.
6. 소독된 용기에 시나몬을 넣은 후 5번을 넣습니다.
   TIP. 시나몬의 청량함과 포근한 향은 부드러운 사과의 맛을 한층 더 우아하게 해줍니다.
7. 맨 위에 레몬을 올리고 30g의 설탕을 뿌립니다.
8. 실온에 두면서 유기농 설탕이 가라앉으면 하루에 한두 번씩 저어줍니다.
9. 유기농 설탕이 녹으면 냉장고에 넣고 5일간 숙성하면 사과 시나몬 청이 완성됩니다.
   TIP. 사과 역시 효소가 많은 과일입니다. 부글거림이 많아 병 속에 탄산가스가 많이 찰 수 있
   으니, 처음에는 하루 한두 번씩 뚜껑을 열어 탄산가스를 빼 줘야 합니다.

4. 과일청 만들기(6)
유기농 4가지 과일청 만들기

재료 : 유기농과일 320g (레몬 80g + 키위 80g + 사과 80g + 파인애플 80g), 유기농 비정제 설탕 320g, 시나몬 2~3조각, 베이킹소다, 식초

1. 베이킹소다를 푼 물에 과일을 씻고 식초에 헹굽니다.

   이후 레몬은 뜨거운 물에 잠시 넣어 왁스를 제거하고 나머지 과일도 잘 씻어 줍니다.
2. 씻은 과일은 체에 밭쳐 물기를 뺍니다.
3. 레몬과 사과를 자른 뒤 씨앗을 제거합니다.
4. 4가지 과일을 모두 잘게 잘라줍니다.
5. 4번에 유기농 설탕 280g을 넣어 스푼으로 살살 버무립니다.
6. 설탕이 녹을 동안 기다렸다가 소독된 용기에 넣습니다.
7. 맨 위에 40g의 설탕을 뿌려줍니다.
8. 실온에 두면서 유기농 설탕이 가라앉으면 하루에 한두 번씩 저어줍니다.
9. 유기농 설탕이 녹으면 실온에 뒀던 8번을 냉장고에 넣고, 다시 5일간 숙성하면 4가지 과일청
   이 완성됩니다.

   Tip. 과일을 청으로 담을 때 숨 쉬는 유리용기, 숨쉬는 밀폐유리병을 사용하면 편하게 만들 수
   있습니다.

Part 4.

비누 만들기

MP 비누 알아가기

◈ 좋은 비누 베이스의 기준

요즘들어 비누 베이스의 품질이 좋아져서 고급 오일과 보습제가 함유된 베이스들이 많이 나와 있습니다. 비누 베이스를 구매 전에 pH(중성) 확인, 유리알칼리 0%, 석유계 거품제, 경화제, 방부제, 유해물질 무첨가, 거품, 세정, 경도 등을 꼼꼼하게 살펴보시길 바랍니다.

◈ 비누 베이스를 작게 자른 후 녹입니다.

비누 베이스를 작은 크기로 자르면 빠르게 녹일 수 있습니다.

◈ 비누 베이스는 약한 열로 서서히 녹입니다.

직화 방식은 비누액이 끓거나 타버릴 수 있기에 핫플레이트에서 서서히 녹이거나 물중탕 방식을 선택해야 열에 의한 변성을 막을 수 있습니다. 비누 베이스의 소량 덩어리가 남았을 때는 남은 비누 베이스를 잔열로 녹여주면 변성되는 것을 막아줍니다.

◈ 정제수와 비누액을 골고루 섞어 줍니다.

액체나 젤리 형태로 된 식용색소와 마이카는 비누액에 바로 첨가, 분말 형태의 식용색소, 천연 분말, 옥사이드는 정제수 외 글리세린, 오일에 풀어 첨가하면 가루가 뭉치지 않게 비누를 만들 수 있습니다.

◈ 비누액에 향을 첨가합니다.

에센셜 오일 또는 프레그런스 오일, 플레이버오일을 비누액 총량의 1% 정도 첨가하면 비누에 향을 더할 수 있습니다. 투명함을 강조하는 비누에는 향이나 오일을 생략하는 것이 좋습니다.

◈ 뜨거운 물을 첨가합니다.

비누 베이스를 녹인 뒤 5~7%의 데운 정제수를 첨가하면 완성 후 비누 표면에 물방울이 맺히는 현상을 방지할 수 있습니다.

◈ 식물성, 무수 에탄올로 기포를 제거할 수 있습니다.

비누액을 붓기 전의 실리콘과 부은 후 비누 윗면에 에탄올 스프레이를 뿌리면 기포를 제거하고 골고루 잘 퍼지게 합니다.

◈ 비누가 완전히 굳은 후 몰드에서 꺼냅니다.

◈ 랩이나 비닐로 포장을 하면 깔끔한 상태로 보관 할 수 있고, 변형없이 사용할 수 있습니다.

Melt & Pour 비누 만들기 (모든 피부용_MP)

Lemon

레몬에는 비타민C, 복합 비타민B군, 칼슘, 철, 마그네슘, 칼륨, 섬유질이 함유되어 있습니다. 예로
부터 약으로도 사용됐으며 레몬의 효능을 입증하는 수많은 연구가 있습니다. 레몬의 주요 효능 중에
는 신체를 알칼리화해서 pH 수치를 조절하는 기능이 있습니다. 산화방지제, 비타민, 미네랄이 풍부한
레몬은 노폐물을 배출시키는 이뇨 효과가 있습니다. 해독 효과가 탁월하고, 여러 질병 예방에도
좋습니다.

레몬의 효능

혈액 정화 / 해열 작용 / 고혈압 조절 / 목 염증 치료 / 호흡기 질환 / 산화방지제 / 소화 불량 /
디톡스 / 치아 관리 / 피부 관리 / 모발 윤기도움

레몬비누 만들기 (모든 피부용_MP)

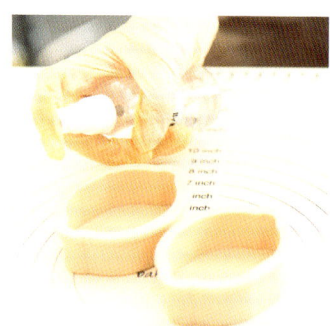

Recipe Information

재료	재료명	용량	비고
베이스	화이트 비누베이스	94g	*
첨가물	레몬청	9g	유기농 달맞이오일 (피부타입 – 건성피부 비누 컬러 – 아이보리) or 유기농 레드팜오일 (피부타입 – 지성피부 비누 컬러 – 노랑)
첨가물	유기농 달맞이오일 or 유기농 레드팜오일	1g	
Total	100g		1개 분량

TIP. 레몬청과 달맞이오일이 없다면, 다른 베이스, 과일청, 오일도 사용 가능합니다. (참고.37p)
어디에 비누액을 붓느냐에 따라 용량이 달라질 수 있고, 비율에 맞추어 만드시면 됩니다.
몰드가 없다면 종이컵 등을 재활용하는 것을 추천합니다.

How to make

1. 비커에 비누 베이스를 잘게 잘라 넣고 첨가물인 레몬청을 넣습니다.
2. 저온의 핫플레이트에서 가열해 1번을 (80도 이하에서) 녹입니다.

   TIP. 베이스 녹일때 온도가 너무 높으면 비누의 질이 떨어질 수 있습니다.

   만약, 핫플레이트가 없다면 중탕이나 전자레인지를 사용해 녹입니다.
3. 비누가 녹는 동안 첨가물인 달맞이오일 or 레드팜오일을 계량합니다.
4. 베이스가 녹으면 첨가물을 넣고 섞습니다.

   TIP. 향이 있는 것을 좋아한다면 레몬 아로마 에센셜 오일을 총량의 0.5% 정도 넣어도 괜찮습니다.
5. 비누액을 잘 퍼트리기 위해 몰드에 에탄올을 뿌립니다.
6. 5번의 막을 살짝 걷어내고 몰드에 부어줍니다.
7. 비누액에 에탄올을 살짝 뿌려 기포를 없애고 굳을 때까지 기다립니다.
8. 굳은 뒤 1~2시간 정도 건조합니다.
9. 완성된 비누는 랩이나 비닐 등에 싸서 직사광선을 피해 서늘한 곳에 보관합니다.

레몬 컵케익비누 만들기 (모든 피부용_MP)

Recipe Information

재료	재료명	용량	비고
1번. 컵부분	화이트 비누베이스	70g	*
	레몬청	5g	유기농 달맞이오일
	유기농 달맞이오일 or 유기농 레드팜오일	1g	(피부타입 - 건성피부 비누 컬러 - 아이보리)
2번. 크림부분	화이트 비누베이스	20g	or
	레몬청	4g	유기농 레드팜오일
	뜨거운 물	8g	(피부타입 - 지성피부
데코레이션	건조 레몬칩	1개	비누 컬러 - 노랑)
Total	100g		1개 분량

TIP. 레몬청과 달맞이오일이 없다면, 다른 베이스, 과일청, 오일도 사용 가능합니다. (37p 참고)
　　　 어디에 비누액을 붓느냐에 따라 용량이 달라질 수 있고, 비율에 맞추어 만드시면 됩니다.

How to make

1번. 컵 비누

1. 비커에 비누 베이스를 잘게 잘라 넣습니다.

2. 약한 불의 핫플레이트에서 비누 베이스를 녹입니다.

   (베이스마다 녹는점이 다르니 녹을때 까지, 80도 미만의 열을 가합니다.)

3. 비누가 녹는 동안 레몬청과 달맞이오일 or 레드팜오일 1g을 계량합니다.

4. 베이스가 녹으면 3번 첨가물과 2번 비누액을 고루 섞습니다.

5. 에탄올을 뿌린 뒤 몰드에 4번을 붓고 다시 에탄올을 뿌려 굳을 때까지 기다립니다.

   TIP. 시간이 지나 비누에 막이 생겼을 때에는 막을 살짝 걷어낸 후 부어주면 됩니다.

2번. 크림 비누

6. 핫플레이트에서 베이스를 녹이고 그동안 뜨거운 물 과 레몬청을 섞습니다.

7. 녹인 베이스에 6번을 넣고 미니 휘핑기를 사용해 거품이 올라올 정도로 돌려줍니다.

8. 몽글한 거품이 올라왔을 때 굳은 컵 비누에 원하는 만큼 붓습니다. (스푼으로 올려도 됩니다)

9. 크림비누가 굳을 때쯤 말린 레몬을 올리면 장식으로 좋습니다.

   Tip. 이미 비누가 굳었다면 남은 비누를 녹여 레몬에 살짝 바른 뒤 붙여주세요

   비누 안에 레몬 등을 넣으면 보기에는 좋지만, 사용이 불편합니다.

10. 비누가 완전히 굳으면 용기에서 꺼내 랩이나 비닐로 싸거나 용기의 뚜껑을 덮어 보관합니다.

Keep Process 비누 만들기 (저성비누_KP)

Grapefruit

항산화 물질의 일종인 레티놀을 풍부하게 함유하고 있는 자몽은 손상된 피부 세포를 회복시켜주며 주름도 개선해줍니다. 자몽은 피로 회복, 면역력을 증가시켜주고, 비타민C가 다량 함유되어 있어 콜라겐을 생성, 피부가 재생되는 것을 촉진하는 작용을 합니다. 또한 칼슘, 칼륨, 구연산, 펙틴, 글루타티온, 나린진을 다량 함유하고 있어 모공을 조여주고 살균효과, 여드름피부 트러블, 피부 탄력 유지, 탱탱한 피부 미용에도 도움을 주며 세포도 회복 시켜줍니다.

자몽의 효능

피부 미용 및 노화 방지 / 모공, 살균효과 / 심장 건강 / 변비 개선 / 피로 회복 / 간기능 개선 / 체중 조절 / 뼈 건강

자몽비누 만들기 (지성비누_ KP)

자몽비누 레시피

Recipe Information

재료	재료명	용량	비고
오일	유기농 코코넛오일	165g	*피부타입: 지성피부
	유기농 레드팜오일	80g	
	유기농 올리브오일	100g	*유기농오일 대신 일반오일가능
	유기농 피마자오일	30g	
가성소다, 수상	가성소다 (-2DC)	58.7g	*레드팜이 없을 경우 일반팜오일 사용가능
	정제수 (33%)	정제수123.8g + 소금2g	
첨가물	자몽청	20g	*비누가 단단함으로 자르지않고 사용할수 있는 몰드추천
Total		500g	
INS	아주 단단한 굳기		180

비누의 특성	추천값	현재값	구분	지방산	함량	소계(%)
비누경도	30~55	50	포화지방산	라우르산	21.1	50
비누보습	45~70	50		미리스트산	8.6	
세정력	13~23	30		팔미트산	17.1	
거품생성도	15~45	37		스테아르산	3.2	
거품안정성	15~50	27	불포화지방산	리시놀레산	7.2	50
거품지속성	15~50	20		올레산	30.6	
				리놀레산	6.5	
				리놀렌산	0.3	
				기타	5.5	

자몽비누 만들기 ^(지성비누_KP)

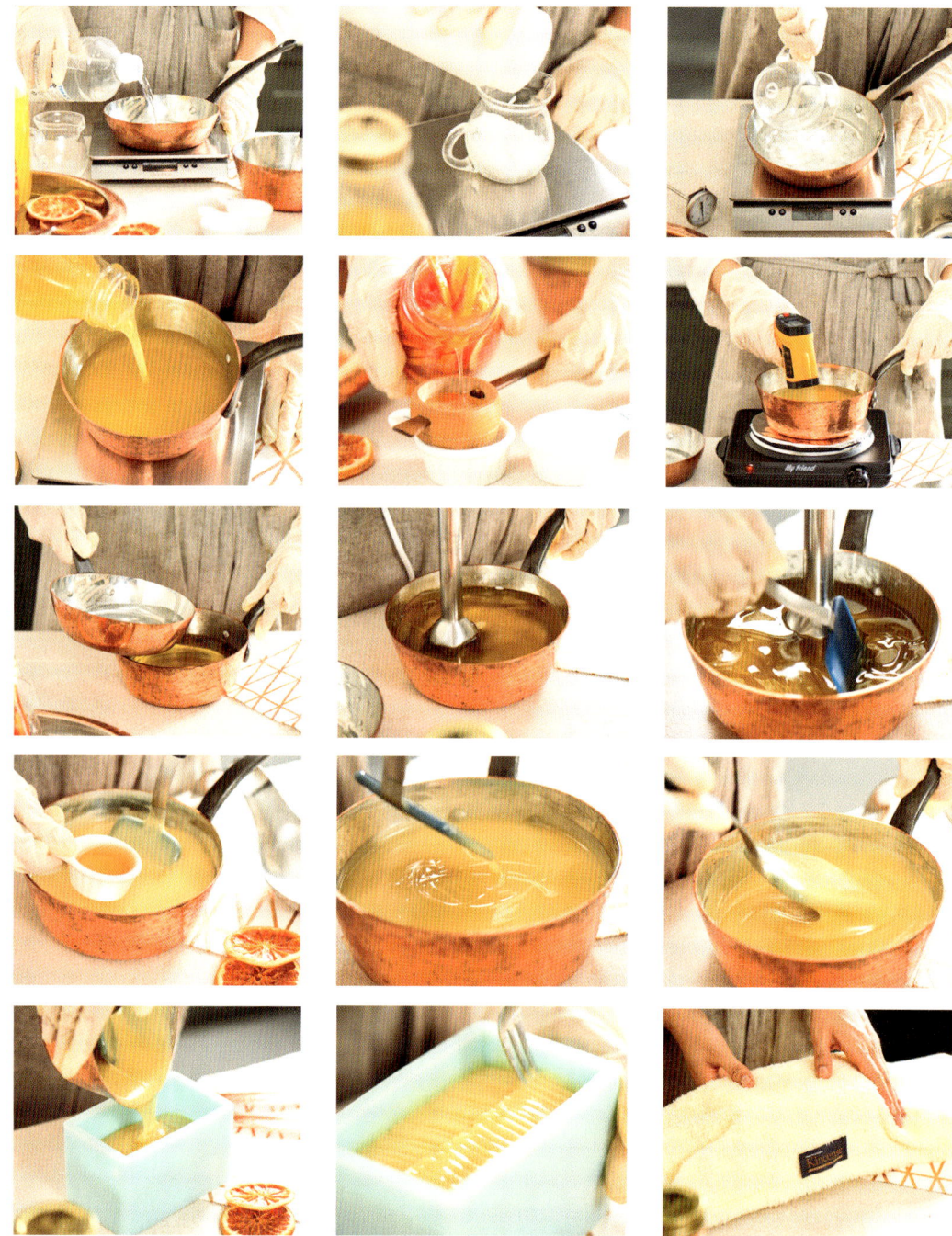

How to make

Step 1

1. 스테인리스 용기에 정제수를 넣고 소금을 넣어 녹여줍니다.

2. 다른 용기에 가성소다를 계량합니다.

3. 1번에 2번를 넣어 60도의 가성소다수를 만듭니다.

   TIP. 반드시 정제수에 가성소다를 넣어야 합니다. 반대로 할 경우 폭발 위험이 있습니다.

Step 2

1. 베이스 오일을 계량하고 온도를 60도로 맞춥니다.

2. 자몽청도 계량하고 60도로 올려줍니다.

Step 3

1. 베이스오일에 기포가 생기지 않을 정도까지 블렌더로 저속으로 작동시키거나, 헤드로만 돌려줍니다.

2. 60도의 베이스 오일(Step2-1)에 가성소다 수용액(Step1)을 튀지 않게 넣습니다.

3. 실리콘주걱으로 아래위로 고루 저어줍니다.

4. 블렌더를 저속으로 10초 정도 작동시킵니다.

5. 핸드블렌더를 꺼내지 않고 실리콘 주걱으로 골고루 섞어줍니다.

6. 자몽청(Step2-2)을 넣어 블렌더를 저속으로 10초 정도 작동해 골고루 섞어줍니다.

7. 블렌더를 꺼내고 주걱으로 트레이스(요거트 점도)가 생길 때까지 계속 저어 줍니다

8. 주걱으로 비누액을 들었을 때 그림이 그려진다면 비누액을 몰드에 옮겨 담고 뚜껑을 닫습니다.

9. 기포가 있을 수 있으니 8번의 바닥과 옆면을 쳐서 기포를 제거해 주시기 바랍니다.

10. 수건이나 담요에 잘 싸서 24시간 동안 60도로 보온합니다.

    TIP. 천으로 감아 스티로폼 상자에 넣고 핫팩(온도확인)을 넣어두면 온도가 유지됩니다.

11. 뚜껑을 연 채 비누를 실온에서 하루 동안 두었다가 꺼내어 잘라 7일 이상 건조한 후 사용합니다.

Keep Process 비누 만들기 (중성비누_KP)

Kiwi

키위는 새콤달콤한 맛으로 남녀노소에게 사랑받는 과일 중 하나입니다. 비타민C가 오렌지의 2배, 비타민E가 사과의 6배, 식이섬유소가 바나나의 5배가 들어 있다고 할 만큼 영양도 풍부합니다. 키위는 코엔자임, 엽산, 칼륨 및 비타민E, 루테인 등 강력한 항산화 물질을 함유하고 있고, 다량의 칼륨을 함유하고 있어서 주름 개선과 미백, 피부를 재생하는 데에 이상적인 과일입니다.

키위의 효능

피부 재생 / 면역력을 강화/ 노화 예방 / 얼굴 동안 유지 / 안과 질환 예방 / 변비 개선 / 다이어트 / 임신부 필수 과일 / 운동 능력 향상/ 심장 질환 예방

키위비누 만들기 (중성비누_KP)

키위비누 레시피

Recipe Information

재료	재료명	용량	비고
유상	유기농 코코넛오일	120g	*피부타입: 중성피부
	유기농 레드팜오일	62g	
	유기농 올리브오일	143g	
	유기농 달맞이오일	20g	*유기농오일 대신
	유기농 피마자오일	30g	일반오일가능
가성소다, 수상	가성소다 (−3DC)	55.5g	
	정제수 (30%)	112.5g	*레드팜이 없을 경우
첨가물	키위청	20g	일반팜오일 사용가능
Total		500g	
INS		적당한 굳기와 단단함	156

비누의 특성	추천값	현재값
비누경도	30~55	40
비누보습	45~70	60
세정력	13~23	22
거품생성도	15~45	29
거품안정성	15~50	26
거품지속성	15~50	18

구분	지방산	함량	소계(%)
포화지방산	라우르산	15.4	40
	미리스트산	6.2	
	팔미트산	15.5	
	스테아르산	2.9	
불포화지방산	리시놀레산	7.2	60
	올레산	35.6	
	리놀레산	11.5	
	리놀렌산	0.9	
	기타	4.8	

키위비누 만들기 (중성비누_KP)

How to make

Step 1

1. 스테인리스 용기에 정제수를, 다른 용기에는 가성소다를 계량합니다.

2. 정제수에 가성소다를 넣어 60도의 가성소다수를 만듭니다.

3. 2번에 60도의 키위청을 튀지 않게 넣어 저어줍니다.

   TIP. 반드시 정제수에 가성소다를 넣어야 합니다. 반대로 할 경우 위험합니다. (참고. 40p)

Step 2

1. 베이스 오일을 계량해 60도로 온도를 높입니다.

Step 3

1. Step2에 블렌더로 기포가 생기지 않을 정도까지 저속으로 작동시키거나, 헤드로만 돌려줍니다.

2. 베이스오일(Step2)에 가성소다 수용액(Step1)을 튀지 않게 넣습니다. (각각 60도)

   TIP. 가성소다 수용액을 오일에 넣을 때 체로 거르면 가성소다의 불순물을 제거할 수 있습니다.

3. 블렌더를 저속으로 10초 정도 작동시킵니다.

4. 핸드블렌더를 꺼내지 않고 실리콘 주걱으로 아래위로 섞어줍니다.

5. 다시 블렌더를 저속으로 10초 정도 작동하여 골고루 섞어줍니다.

   TIP. 비누가 완성될 때까지 블렌더를 그대로 두고 비누를 만들어야 기포가 생기지 않습니다.

6. 3번과 4번을 번갈아 수행하며 요거트의 점도까지 트레이스를 냅니다.

   TIP. 만드는 동안 온도가 떨어졌다면 핫플레이트의 잔열에서 작업하여 50도 이하로 떨어지지 않게 하기를 바랍니다.

7. 블렌더를 꺼내고 실리콘주걱으로 아래 위 골고루 섞습니다.

8. 잘 혼합된 비누액을 비누몰드나 우유갑에 옮겨 담고 뚜껑을 닫습니다.

9. 기포가 있을 수 있으니, 몰드의 바닥과 옆면을 쳐서 기포를 제거해 주시기 바랍니다.

10. 수건이나 담요에 잘 싸서 24시간 동안 60도로 보온합니다.

    TIP. 천으로 감아 스티로폼 상자에 넣고 핫팩(온도확인)을 넣어두면 온도가 유지됩니다.

11. 뚜껑을 연 채 비누를 실온에서 하루 동안 두었다가 꺼내어 잘라 7일 이상 건조한 후 사용합니다.

Keep Process 비누 만들기 (건성 비누_KP)

Pineapple

파인애플은 영양가가 높고 적당한 단맛이 있어 먹기 쉬우며 신맛이 입안을 산뜻하게 해주는 과일입니다. 비타민C, 비타민B, 구연산, 식이섬유가 풍부하며 세라마이드가 포함되어 있어 건성 피부 예방, 피부의 각질을 정돈하고 피부결을 정돈하는 데 도움을 줍니다. 파인애플은 안티에이징 과일로도 불리는데, 함유되어 있는 EGF는 피부 세포를 활성화하는 콜라겐과 히알루론산의 생성을 촉진하는 기능을 합니다.

파인애플의 효능

피로 회복 / 소화촉진 / 면역력 상승 / 해독 효과 / 고운 피부 / 피부 미백 / 다이어트 / 주름 개선 / 여드름 개선 / 안티에이징 / 노폐물 제거

파인애플비누 만들기(건성 비누_KP)

파인애플비누 레시피

Recipe Information

재료	재료명	용량	비고
오일	유기농 코코넛오일	70g	*피부타입: 건성피부
	유기농 레드팜오일	10g	
	유기농 올리브오일	210g	*유기농오일 대신
	유기농 피마자오일	30g	일반오일가능
가성소다, 수상	가성소다 (NO DC)	46.7g	*레드팜이 없을 경우
	정제수 (30%)	96g	일반팜오일 사용가능
첨가물	파인애플 청	20g	
	비누베이스(MP) or 갈아둔 KP 비누	53	*비누계산기의 경도는 약간 무르게 나오지만, 갈아둔 비누를 넣으면 적당한 굳기 예상
	유기농 달맞이 오일 (슈퍼펫)	2g	
Total	500g		
INS	적당한 굳기와 단단함		139 ->150(예상)

비누의 특성	추천값	현재값	구분	지방산	함량	소계(%)
비누경도	30~55	30	포화지방산	라우르산	10.5	30
비누보습	45~70	70		미리스트산	4.2	
세정력	13~23	15		팔미트산	12.5	
거품생성도	15~45	23		스테아르산	2.8	
거품안정성	15~50	24	불포화지방산	리시놀레산	8.4	70
거품지속성	15~50	15		올레산	48.6	
				리놀레산	9.0	
				리놀렌산	0.7	
				기타	3.3	

* 비누액에 들어간 첨가물 비누의 성질에 따라 비누의 특성과 지방산의 비율은 달라질 수 있습니다. 비누의 특성과 지방산의 값은 첨가물의 비누를 제외한 값입니다

파인애플비누 만들기 (견성 비누_KP)

How to make

Step 1

1. 스테인리스 용기에 정제수를, 다른 용기에는 가성소다를 계량합니다.
2. 정제수에 가성소다를 넣어 60도의 가성소다수를 만듭니다.

   TIP. 반드시 정제수에 가성소다를 넣어야 합니다. 반대로 할 경우 위험합니다. (40p 참고)

Step 2

1. 비누 베이스(MP), 비누화가 끝난 KP비누 중 한 가지를 강판에 갈아줍니다.

   (사진의 베이스는 필자가 만든 해수온천베이스를 사용했습니다.

   시판 비누베이스를 사용할 경우 pH, 유리알칼리 0%를 확인하고, 사용하시기를 바랍니다.)

Step 3

1. 베이스 오일을 계량하고 60도로 온도를 올려줍니다.
2. 파인애플청도 계량하여 60도로 맞춰줍니다.

Step 4

1. 베이스오일에 기포가 생기지 않을 정도까지 저속으로 블렌더를 작동시키거나, 헤드로만 돌려줍니다.
2. 식물성오일(Step3-1)에 튀지 않게 가성소다 수용액(Step1)을 넣습니다. (각각 60도)
3. 블렌더를 저속으로 10초 정도 작동시킵니다.

   TIP. 비누가 완성될 때까지 블렌더를 비누액 위로 올리지 않고 만들면 기포를 줄일 수 있습니다.
   이때 블렌더를 비누액 밖으로 꺼내셨다면 실리콘 주걱으로만 저어 주어야 합니다.
4. 핸드 블렌더를 꺼내지 않은 상태에서 실리콘 주걱으로 골고루 섞습니다.
5. 파인애플청(Step3-2)과 갈아둔 비누(Step2)를 넣어 블렌더를 저속으로 10초 정도 돌려 골고루 섞습니다.

   TIP. 갈아둔 비누가 들어가 온도가 떨어질 수 있으니 핫플레이트의 잔열 위에 올려두고 만듭니다.
   그렇지만 온도가 60도이상 올라간다면 비누속의 글리세린이 밖으로 나와 버리니 조심합니다.
6. 약간 뻑뻑한 점도까지 트레이스를 내고 블렌더를 뺍니다.
7. 잘 섞인 비누액을 몰드나 우유갑에 옮겨 담고 뚜껑을 닫습니다.
8. 기포가 있을 수 있으니, 몰드의 바닥과 옆면을 쳐서 기포를 제거해 주시기 바랍니다.
9. 수건이나 담요에 잘 싸서 60도로 24시간 동안 보온합니다.

   TIP. 천으로 감아 스티로폼 상자에 넣고 핫팩(온도확인)을 넣어두면 온도가 유지됩니다.
10. 보온된 비누를 뚜껑을 열고 실온에서 하루 두었다가 꺼내어 잘라 7일 이상 건조한 후 사용하면 됩니다.

Keep Process 비누 만들기 _(민감성비누_KP)

Apple

'하루에 사과 하나는 의사를 멀리하게 해준다.'라는 영국속담을 입증할 과학적인 근거나 연구 결과로 충분합니다. 사과에는 비타민C, 폴리페놀, 펙틴, 식이섬유가 풍부합니다. 또한 폴리페놀 화합물이나 플라보노이드 우르솔산 등으로 항산화 작용은 물론 콜라겐 생성, 모공 살균, 피부 탄력, 미백, 주름 개선의 피부미용 효과를 볼 수 있습니다. 또한 변비 예방에도 도움이 되는 등 생각보다 다양한 도움을 주는 과일입니다.

사과의 효능

피부미용 / 다이어트 / 소화촉진 / 콜레스테롤 저하 / 치매 예방 / 면역력 강화 / 유방. 대장암 예방 / 천식 예방 / 변비 예방

사과비누 만들기 (민감성비누_KP)

사과비누 레시피

Recipe Information

재료	재료명	용량	비고
오일	유기농 코코넛오일	112g	*피부타입: 민감피부
	유기농 레드팜오일	80g	
	유기농 올리브오일	100g	
	유기농 피마자오일	53g	*유기농오일 대신 일반오일 사용가능
	유기농 달맞이오일	20g	
	유기농 시어버터	10g	
가성소다 순도(98%)	가성소다 (-3DC)	55g	*레드팜이 없을 경우 일반팜오일 사용가능
수상	사과식초 (30%)	112.5g	
첨가물	사과시나몬청	20g	
Total	500g		
INS	적당한 굳기와 단단함		154

비누의 특성	추천값	현재값
비누경도	30~55	40
비누보습	45~70	60
세정력	13~23	20
거품생성도	15~45	33
거품안정성	15~50	32
거품지속성	15~50	20

구분	지방산	함량	소계(%)
포화지방산	라우르산	14.3	40
	미리스트산	5.9	
	팔미트산	15.9	
	스테아르산	3.8	
불포화지방산	리시놀레산	12.7	60
	올레산	31.0	
	리놀레산	10.9	
	리놀렌산	0.7	
	기타	4.7	

사과비누 만들기 (민감성비누_KP)

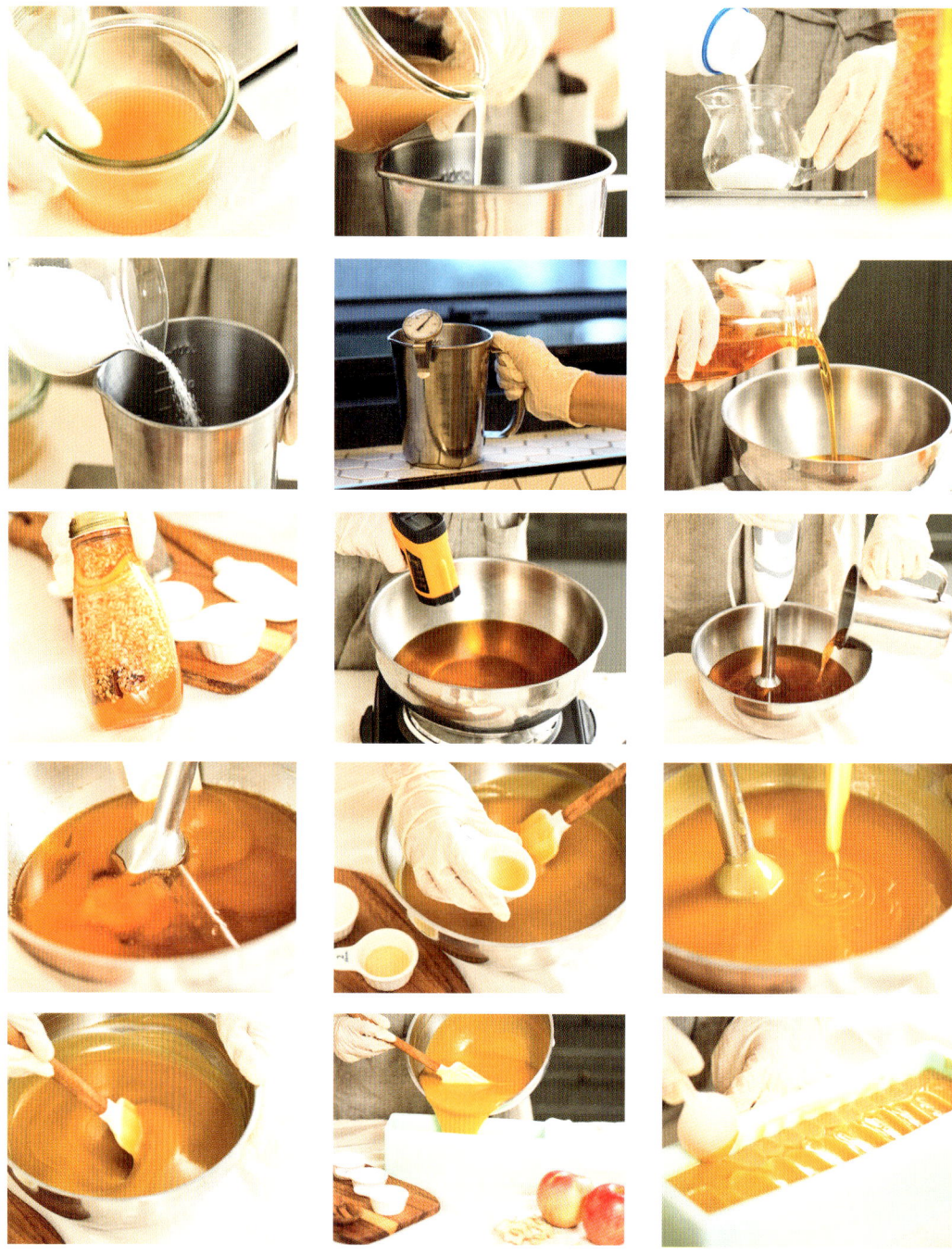

How to make

Step 1

1. 스테인리스 용기에는 차가운 사과식초를, 다른 용기에는 가성소다를 계량합니다.

2. 차가운 사과식초에 가성소다를 넣어 60도의 가성소다수를 만듭니다.

   TIP. 고온으로 올라가니 튀지 않게 조심해야 합니다.

3. 2번에 60도로 온도를 올려준 사과청을 넣어 저어 줍니다.

Step 2

1. 베이스오을 계량하여 60도로 온도를 올려줍니다.

Step 3

1. 베이스오일에 기포가 생기지 않을 정도까지 저속으로 블렌더를 작동시키거나, 헤드로만 돌려줍니다.

2. 베이스오일에 튀지 않게 가성소다 수용액(Step1)을 넣습니다. (각각 60도)

   TIP. 가성소다 수용액을 거름망으로 걸러 오일에 넣으면 불순물이 걸러집니다 .

3. 블렌더를 저속으로 10초 정도 작동시킵니다.

4. 핸드 블렌더를 꺼내지 않은 상태에서 실리콘 주걱으로 잘 섞어줍니다

   TIP. 비누가 완성될 때까지 블렌더를 비누액 위로 올리지 않고 만들면 기포를 줄일 수 있습니다.

5. 다시 블렌더를 저속으로 10초 정도 돌리고, 실리콘주걱으로 아래 위 골고루 섞습니다.

6. 찰랑거리는 점도까지 트레이스를 내고 블렌더를 빼냅니다.

7. 실리콘주걱으로 요거트의 점도가 될 때까지 트레이스를 내어 줍니다.

   TIP. 완벽하게 트레이스를 낼 동안 온도가 50도 이하로 떨어지지 않게 하시는것이 좋습니다.

8. 기포가 있을 수 있으니 몰드의 바닥과 옆면을 쳐서 기포를 제거해 주시기 바랍니다.

9. 잘 혼합된 비누액을 몰드나 우유갑에 넣고 윗면에 스푼이나 포크로 무늬를 내어줍니다.

10. 뚜껑을 닫은 비누액을 수건이나 담요에 잘 싸서 60도 온도로 24시간 동안 보온합니다.

   TIP. 스티로폼 상자에 넣고 온도가 낮은 핫팩을 넣어두면 온도가 유지됩니다.

11. 뚜껑을 연 채 보온된 비누를 하루 동안 두었다가 꺼내어 잘라 7일 이상 건조한 후 사용합니다.

Organic Fruits Soap

레몬, 키위, 사과, 파인애플은 계절을 가리지 않고 쉽게 구할 수 있는 과일입니다.

영양은 말할 필요도 없이 항산화 성분을 가진 과일들만 선별했습니다.

각종 비타민과 레티놀, 구연산, 식이섬유가 풍부해서 콜라겐 생성, 모공 살균, 피부탄력, 미백, 주름 관리, 각질 정돈에 도움이 됩니다.

레몬의 효능

혈액 정화 / 해열 작용 / 고혈압 조절 / 목 염증 치료 / 호흡기 질환 / 산화방지제 / 소화 불량 / 디톡스 / 치아 관리 / 피부 관리 / 모발 윤기도움

키위의 효능

피부 재생 / 면역력을 강화/ 노화예방 / 얼굴동안유지 / 안과질환 예방 / 변비개선 / 다이어트 / 임신부필수과일 / 운동 능력 향상/ 심장 질환 예방

파인애플의 효능

피로 회복 / 소화촉진 / 면역력상승 / 해독 효과 / 고운 피부 / 피부 미백 / 다이어트. 주름 개선 / 여드름 개선 / 안티에이징 / 노폐물 제거

사과의 효능

피부미용 / 다이어트 / 소화촉진 / 콜레스테롤 저하 / 치매 예방 / 면역력 강화 / 유방암 대장암 예방 / 천식 예방 / 변비예방

유기농 과일비누 만들기 유기농 과일로 비누 쓰기

유기농 과일비누 레시피

Recipe Information

재료	재료명	용량	비고
오일	유기농 코코넛 오일	125g	*피부타입 : 모든피부
	유기농 레드팜 오일	49g	
	유기농 올리브 오일	131g	
	유기농 달맞이 오일	20g	
	유기농 피마자 오일	40g	
	유기농 시어버터	10g	
	보스웰리아가루	20g	
가성소다 순도(98%)	가성소다(-3DC)	55.6g	*오일은 유기농이 아니라도 좋습니다.
수상	레몬물(30%)	112.5g	
첨가물	유기농 4가지 과일청	20g	
Total		500g	
INS	적당한 굳기와 단단함		156

비누의 특성	추천값	현재값
비누경도	30~55	40
비누보습	45~70	60
세정력	13~23	22
거품생성도	15~45	32
거품안정성	15~50	27
거품지속성	15~50	18

구분	지방산	함량	소계(%)
포화지방산	라우르산	16.0	40
	미리스트산	6.5	
	팔미트산	13.8	
	스테아르산	3.8	
불포화지방산	리시놀레산	9.6	60
	올레산	33.6	
	리놀레산	11.0	
	리놀렌산	0.8	
	기타	5.0	

유기농 과일비누 만들기 (모든 피부용 비누_KP)

준비하기

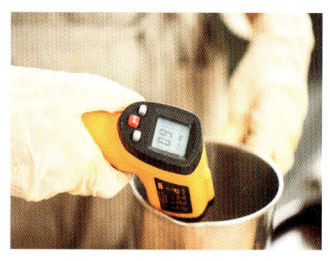

How to make

[인퓨즈드]

유리병에 오일들과 티백에 넣은 보스웰리아 가루(20g)를 넣고, 햇빛 살 드는 곳에 약 3~4주간 놓아
둡니다. 수시로 병을 흔들어 유효성분이 녹아 나오게 해줍니다.(136p 참고)

   TIP. 오일의 산화를 막기 위해 만들어진 오일은 걸러서 차광병으로 옮겨 냉장 보관합니다.

Step 1

1. 레몬 끓인 물(레몬 슬라이스 50g + 물)을 커피 여과지에 걸러 스테인리스 용기에 계량합니다.
2. 다른 용기에는 가성소다를 계량합니다.
3. 1번에 2번를 넣어 가성소다를 60도 온도의 가성소다수를 만들어 줍니다.
4. 3번에 60도로 온도를 올려준 4가지과일청을 넣어 저어 줍니다.

   TIP. 레몬물을 얼리거나 차갑게 사용하면 가성소다를 녹일때 연기가 덜하고 변성을 막을 수 있습니다.

Step 2

1. 유기농 오일을 계량하여 60도로 온도를 올려줍니다.

Step 3

1. 베이스오일에 거품이 생기지 않을 정도까지 블렌더를 저속으로 작동시키거나, 헤드로만 돌려줍니다.
2. 베이스오일에 가성소다 수용액이 튀지 않게 넣습니다. (각각 60도)
3. 블렌더를 저속으로 10초 정도 작동시킵니다.
4. 핸드 블렌더를 꺼내지 않은 상태에서 실리콘 주걱으로 잘 섞어줍니다.

   TIP. 비누가 완성될 때까지 블렌더를 비누액 위로 올리지 않고 만들면 기포를 줄일 수 있습니다.

5. 블렌더를 저속으로 10초 정도 돌려 골고루 섞습니다.
6. 찰랑거리는 점도까지 트레이스를 내고 블렌더를 빼냅니다.
7. 실리콘주걱으로 요거트의 점도가 될 때까지 트레이스를 내어 줍니다.

   TIP. 완벽하게 트레이스를 낼 동안 온도가 50도 이하로 떨어지지 않게 하시는것이 좋습니다.

8. 잘 혼합된 비누액을 몰드에 넣어줍니다.
9. 기포가 있을 수 있으니 몰드의 바닥과 옆면을 쳐서 기포를 제거해 주시기 바랍니다.
10. 수건이나 담요에 잘 싸서 60도 온도로 24시간 동안 보온합니다.

    TIP. 스티로폼 상자에 넣고 온도가 낮은 핫팩을 넣어두면 온도가 유지됩니다.

11. 뚜껑을 연 채 보온된 비누를 하루 동안 두었다가 꺼내어 잘라 7일 이상 건조한 후 사용합니다.

Part 5.

건강청 비누만들기(응용편)

매실 & 녹차 비누 만들기 (항균 / 피부탄력 _ KP비누)

Green Plum & Green tea Soap

매실에는 비타민C와 다양한 유기산(시트르산·사과산·호박산·주석산)이 풍부하고,
녹차는 카테킨과 폴리페놀이라는 성분이 탁월한 항산화 작용, 피부를 진정시키고 노화와 산화를
막아줍니다. 매실 & 녹차는 피부를 화사하게 만들어 주고, 피부 진정, 탄력에 도움을 줍니다. 이는
신진대사를 원활하게 하고 피로회복 효과를 가지고 있고 산도가 높고 항균작용이 뛰어나 여드름이
나 잡티, 뽀루지가 나지 않게 하는 효능이 있습니다.

매실 & 녹차의 효능

혈액순환 촉진 / 피부 미백 / 기미, 주근깨 예방/ 콜라겐 생성 / 멜라닌 억제 / 피부 진정 / 여드름,
잡티, 뽀루지 개선

매실녹차비누 만들기 (항균 / 피부탄력 _ KP비누)

만드는과정

비누 레시피

Recipe Information

재료	재료명	용량	비고
오일	유기농 코코넛오일	159g	*피부타입: 지성피부
	유기농 레드팜오일	100g	
	유기농 올리브오일	71g	*유기농오일 대신
	유기농 피마자오일	45g	일반오일 사용가능.
가성소다 순도(98%)	가성소다(0% DC)	59.6g	
수상	녹차 우린 물(33%)	123.8g	*레드팜오일이 없을 경우
첨가물	매실청	20g	팜 오일 사용가능.
Total	500g		
INS	적당한 굳기와 단단함		179g

비누의 특성	추천값	현재값	구분	지방산	함량	소계(%)
비누경도	30~55	50	포화지방산	라우르산	20.4	50
비누보습	45~70	50		미리스트산	8.3	
세정력	13~23	29		팔미트산	18.2	
거품생성도	15~45	39		스테아르산	3.2	
거품안정성	15~50	32	불포화지방산	리시놀레산	10.8	50
				올레산	27.3	
거품지속성	15~50	21		리놀레산	6.3	
				리놀렌산	0.2	
				기타	5.4	

How to make

[준비]

1. 매실청을 준비합니다.

> ### TIP. 매실청 담그는 법
> (담그는 시기: 보통 5월 말 ~ 6월 중하순 / 매실 1 : 설탕 1.2(무게 비율))
> 1. 매실 세척과 손질: 베이킹소다를 뿌려 물에 담갔다가 다시 흐르는 물에 헹궈서 씻는다.
> 2. 물기 없이 바싹 말랐다면 까만 꼭지가 있는데 모두 제거해 주어야 한다.
> 3. 속독한 병에 설탕과 매실을 번갈아 가면서 병에 담으면 된다.
> 4. 매실액기스 매실청 보관 : 통풍이 잘되는 응달에 보관.
>   보관하다 보면 과육에서 수분이 빠지면서 쪼글쪼글하게 변한다.
>   씨앗에는 독성이 있어서 100일이 지났을 때 걸러낸다. (남은 매실엑기스 숙성은 6개월 ~ 1년 정도)

▌수제청은 만든 후 5일~ 10일 이내의 것을 사용하면 가장 좋고, 발효가 오래 될수록 외부에 기포가 생길 수 있습니다.

Step 1

1. 녹차를 스테인리스 용기에 계량합니다.

   TIP. 녹차를 얼리거나 차갑게 사용하면 가성소다를 녹일때 연기가 덜하고 변성을 막을 수 있습니다.

2. 다른 용기에는 가성소다를 계량합니다.
3. 1번에 2번을 넣어 가성소다를 60도 온도의 가성소다수를 만들어 줍니다.
4. 3번에 60도로 온도를 올려준 매실청을 넣어 저어 줍니다.

Step 2

1. 유기농 오일을 계량하여 60도로 온도를 올려줍니다.

Step 3

1. 베이스오일에 거품이 생기지 않을 정도까지 블렌더를 저속으로 작동시키거나, 헤드로만 돌려줍니다.
2. 베이스오일에 가성소다 수용액이 튀지 않게 넣습니다. (각각 60도)
3. 블렌더를 저속으로 10초 정도 작동시킵니다.
4. 핸드 블렌더를 꺼내지 않은 상태에서 실리콘 주걱으로 잘 섞어줍니다.

   TIP. 비누가 완성될 때까지 블렌더를 비누액 위로 올리지 않고 만들면 기포를 줄일 수 있습니다.

5. 블렌더를 저속으로 10초 정도 돌려 골고루 섞습니다.
6. 찰랑거리는 점도까지 트레이스를 내고 블렌더를 빼냅니다.
7. 실리콘주걱으로 요거트의 점도가 될 때까지 트레이스를 내어 줍니다.

   TIP. 완벽하게 트레이스를 내는 동안 온도가 55도 이하로 떨어지지 않게 하는 것이 좋습니다.

8. 잘 혼합된 비누액을 몰드에 넣어줍니다.
9. 기포가 있을 수 있으니 몰드의 바닥과 옆면을 쳐서 기포를 제거해 주시기를 바랍니다.
10. 수건이나 담요에 잘 싸서 60도 온도로 24시간 동안 보온합니다.

    TIP. 스티로폼 상자에 넣고 60도 핫팩을 넣어두면 온도가 유지됩니다.

11. 뚜껑을 연 채 보온 된 비누를 하루 동안 두었다가 꺼내어 잘라 7일 이상 건조한 후 사용합니다.

레몬 & 생강 비누 만들기 (피부활력 / 맑은피부 _ KP비누)

NATURAL ORGANIC
HANDMADE SOAP

NATURAL ORGANIC
HANDMADE SOAP

NATURAL ORGANIC
HANDMADE SOAP

Made by kittgene

* 사진상의 비누는
이미지촬영을 위해 화이트 팜을 사용하였습니다.

Lemon & Ginger Soap

레몬에는 비타민 C, 폴리페놀과 펙틴이 풍부하여 항산화 효과로 주름과 잡티가 생기는 것을 늦추고 피부에 있는 불순물이나 유분을 제거하는 각질 제거제의 역할을 하고 있습니다.

생강에는 항산화, 항균, 항염 성분이 들어 있을 뿐 아니라, 비타민과 무기질, 아미노산, 인, 옥살산, 칼슘, 카로틴, 플라보노이드도 함유하고 있습니다. 탱탱하고 활력 있고 빛나는 피부 유지에 좋고, 재생 효과까지 가지고 있습니다. 독소 제거와 노화를 억제, 스트레스 수치를 줄이고, 혈액순환을 촉진하며 피부를 맑고 깨끗하게 할 수 있습니다.

레몬과 생강에는 피부의 염증을 줄이고 순환을 개선하며 체세포 재생을 돕고, 살균효과, 피부미용에 도움을 줄 수있습니다.

레몬 & 생강의 효능

항산화효과 / 주름, 잡티예방 / 각질 제거 / 살균효과 / 피부활력/ 재생효과 / 독소제거/ 노화억제/ 혈액순환 촉진 / 피부미용

레몬생강비누 만들기 <small>(피부활력 / 맑은피부 _ KP비누)</small>

만드는과정

비누 레시피

Recipe Information

재료	재료명	용량	비고
오일	유기농 코코넛오일	130g	*피부타입: 중성피부 *유기농오일 대신 일반오일 사용가능. *레드팜오일이 없을 경우 팜 오일 사용가능.
	유기농 레드팜오일	90g	
	유기농 올리브오일	90g	
	유기농 피마자오일	40g	
	유기농 달맞이오일	25g	
가성소다 순도(98%)	가성소다 (−2% DC)	56.8g	
수상	레몬물 (30%)	112.5g	
첨가물	레몬생강청	20g	
Total	500g		
INS	적당한 굳기와 단단함		162g

비누의 특성	추천값	현재값	구분	지방산	함량	소계(%)
비누경도	30~55	43	포화지방산	라우르산	16.6	43.5
비누보습	45~70	57		미리스트산	6.8	
세정력	13~23	23		팔미트산	17.0	
거품생성도	15~45	33		스테아르산	3.0	
거품안정성	15~50	30	불포화지방산	리시놀레산	9.6	56.5
거품지속성	15~50	20		올레산	29.1	
				리놀레산	11.7	
				리놀렌산	0.8	
				기타	5.2	

How to make

[준비]

1. 레몬생강청을 준비합니다.

> **TIP. 레몬생강청 담그는 법**
> (담그는 시기: 보통 8월 말 ~ 11월 중하순 / 생강1+레몬0.2 : 설탕 1,2(무게 비율))
> 1. 생강을 물에 세척하고, 껍질을 벗기고 얇게 편이나 채를 썰어 준다.
> 2. 찬물에 10분 정도 담가 매운맛과 전분기를 빼고, 채에 받쳐 수분을 제거 해준다.
> 3. 볼에 생강과 레몬조각을 넣고
>   동량의 설탕을 넣어 생강과 설탕이 골고루 섞이도록 잘 버무려 준다.
> 4. 깨끗하게 열탕 소독한 유리병에 담아주시고 밀봉해 주면 완성.
>   (설탕을 완전히 녹인 후 병에넣으면, 설탕을 녹이기 위해, 병을 열고 뒤적어 주는 수고를 할 필요가 없다.)

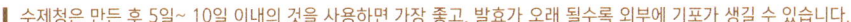

▎ 수제청은 만든 후 5일~ 10일 이내의 것을 사용하면 가장 좋고, 발효가 오래 될수록 외부에 기포가 생길 수 있습니다.

Step 1

1. 레몬 우린물을 스테인리스 용기에 계량합니다.

> TIP. 레몬물을 얼리거나 차갑게 사용하면 가성소다를 녹일 때 연기가 덜하고 변성을 막을 수 있습니다.

2. 다른 용기에는 가성소다를 계량합니다.

3. 1번에 2번을 넣어 가성소다를 60도 온도의 가성소다 수를 만들어 줍니다.

Step 2

1. 유기농 오일을 계량하여 60도로 온도를 올려줍니다.

Step 3

1. 베이스오일에 거품이 생기지 않을 정도까지 블렌더를 저속으로 작동시키거나, 헤드로만 돌려줍니다.

2. 60도로 온도를 올려준 레몬생강청을 넣어 저어 줍니다.

3. 베이스오일에 가성소다 수용액이 튀지 않게 넣습니다. (각각 60도)

4. 블렌더를 저속으로 10초 정도 작동시킵니다.

5. 핸드 블렌더를 꺼내지 않은 상태에서 실리콘 주걱으로 잘 섞어줍니다.

> TIP. 비누가 완성될 때까지 블렌더를 비누액 위로 올리지 않고 만들면 기포를 줄일 수 있습니다.

6. 블렌더를 저속으로 10초 정도 돌려 골고루 섞습니다.

7. 찰랑거리는 점도까지 트레이스를 내고 블렌더를 빼냅니다.

8. 실리콘주걱으로 요거트의 점도가 될 때까지 트레이스를 내어 줍니다.

> TIP. 완벽하게 트레이스를 낼 동안 온도가 55도 이하로 떨어지지 않게 하는 것이 좋습니다.

9. 잘 혼합된 비누액을 몰드에 넣어줍니다.

10. 기포가 있을 수 있으니 몰드의 바닥과 옆면을 쳐서 기포를 제거해 주시기 바랍니다.

11 수건이나 담요에 잘 싸서 60도 온도로 24시간 동안 보온합니다.

> TIP. 스티로폼 상자에 넣고 온도가 낮은 핫팩을 넣어두면 온도가 유지됩니다.

12. 뚜껑을 연 채 보온 된 비누를 하루 동안 두었다가 꺼내어 잘라 7일 이상 건조한 후 사용합니다.

배 & 도라지 비누 만들기 (피부진정 / 미백 / 수분유지 _ KP비누)

* 사진상의 비누는
이미지촬영을 위해 화이트 팜을 사용하였습니다.

Pear & balloon flower root Soap

배에는 비타민C, K 및 구리가 풍부합니다. 유해한 활성 산소를 사라지게 하여 피부 세포를 보호하고 피부 토닝을 돕고 주름을 막아줍니다. 피부를 진정시켜주고 콜라겐 생성을 촉진, 잡티나 얼굴을 어둡게 만드는 멜라닌을 억제해 깨끗하게 피부톤을 조절해 줍니다.

도라지는 사포닌, 미네랄과 비타민. 칼슘, 아연, 미네랄, 나트륨, 칼륨, 아연, 섬유질과 칼슘, 칼륨등이 풍부해 피부를 맑고 건강하게 가꾸어 줍니다. 피부세포를 튼튼하게 하고 불필요한 피지 생성을 억제하며, 피부와 모공을 깨끗하게 만들어 줍니다. 그뿐 아니라 피부 세포를 손상으로부터 보호, 피부 토닝을 돕고 주름과 아토피에 도움을 줍니다. 피부 노화, 수분 함량을 유지하고 수분을 유지하는데 도움이 됩니다.

배 & 도라지의 효능

피부보호 / 피부토닝 / 주름, 잡티 / 콜라겐생성 / 환한얼굴/ 재생효과 / 피지생성억제 / 깨끗한피부/ 노화억제 / 수분유지

배도라지비누 만들기 (피부진정 / 미백 / 수분유지 _ KP비누)

만드는과정

비누 레시피

Recipe Information

재료	재료명	용량	비고
오일	유기농 코코넛오일	112g	*피부타입: 중성피부
	유기농 레드팜오일	92g	
	유기농 올리브오일	91g	*유기농오일 대신 일반오일 사용가능.
	유기농 피마자오일	40g	
	유기농 달맞이오일	40g	
가성소다 순도(98%)	가성소다(-2% DC)	55.9g	*레드팜오일이 없을 경우 팜 오일 사용가능.
수상	배도라지 끓인 물(30%),	112.5g	
첨가물	배도라지청	20g	
Total	500g		
INS	적당한 굳기와 단단함		151g

비누의 특성	추천값	현재값	구분	지방산	함량	소계(%)
비누경도	30~55	40	포화지방산	라우르산	14.3	40
비누보습	45~70	60		미리스트산	5.9	
세정력	13~23	20		팔미트산	16.9	
거품생성도	15~45	30		스테아르산	2.9	
거품안정성	15~50	29	불포화지방산	리시놀레산	9.6	60
거품지속성	15~50	20		올레산	29.1	
				리놀레산	14.9	
				리놀렌산	1.2	
				기타	5.1	

How to make

[준비]

1. 배도라지청을 준비합니다.

> **TIP. 배도라지청 담그는 법**
> (담그는 시기: 보통 10월 말~ 12월 초 / 배2: 도라지2 : 백설탕1: 꿀1(무게 비율))
> 1. 도라지는 흐르는 물에 씻어 물에 1시간 정도 담가두었다가 껍질을 벗겨준다.
> 2. 껍질을 제거한 도라지는 0.5cm 두께로 송송 썰고,
>   배는 껍질을 벗기고 씨를 제거한 후 한 입 크기로 썰어준다.
> 3. 냄비에 도라지와 배, 설탕과 꿀을 넣은 후 센 불에서 끓어오르면
>   중불로 줄여 저어가면서 수분감이 날아갈 때까지 약 1시간 30분 동안 끓여준다.
> 4. 소독한 유리병에 담고 뚜껑을 닫아주세요.
>   (Tip. 도라지는 물에 1시간 정도 담가두면 껍질 벗기기가 수월함.)

▌수제청은 만든 후 5일~ 10일 이내의 것을 사용하면 가장 좋고, 발효가 오래 될수록 외부에 기포가 생길 수 있습니다.

Step 1

1. 끓인 배도라지 물을 스테인리스 용기에 계량합니다.

   TIP. 끓인 배도라지 물을 얼리거나 차갑게 사용하면 가성소다를 녹일 때 연기가 덜하고 변성을 막을 수 있습니다.

2. 다른 용기에는 가성소다를 계량합니다.
3. 1번에 2번를 넣어 가성소다를 60도 온도의 가성소다수를 만들어 줍니다.

Step 2

1. 유기농 오일을 계량하여 60도로 온도를 올려줍니다.

Step 3

1. 베이스오일에 거품이 생기지 않을 정도까지 블렌더를 저속으로 작동시키거나, 헤드로만 돌려줍니다.
2. 베이스오일에 가성소다 수용액과 도라지청이 튀지 않게 넣습니다. (각각 60도)
3. 블렌더를 저속으로 10초 정도 작동시킵니다.
4. 핸드 블렌더를 꺼내지 않은 상태에서 실리콘 주걱으로 잘 섞어줍니다.

   TIP. 비누가 완성될 때까지 블렌더를 비누액 위로 올리지 않고 만들면 기포를 줄일 수 있습니다.

5. 블렌더를 저속으로 10초 정도 돌려 골고루 섞습니다.
6. 칠랑거리는 점도까지 트레이스를 내고 블렌더를 빼냅니다.
7. 실리콘주걱으로 요거트의 점도가 될 때까지 트레이스를 내어 줍니다.

   TIP. 완벽하게 트레이스를 낼 동안 온도가 55도 이하로 떨어지지 않게 하시는 것이 좋습니다.

8. 잘 혼합된 비누액을 몰드에 넣어줍니다.
9. 기포가 있을 수 있으니 몰드의 바닥과 옆면을 쳐서 기포를 제거해 주시기 바랍니다.
10. 수건이나 담요에 잘 싸서 60도 온도로 24시간 동안 보온합니다.

    TIP. 스티로폼 상자에 넣고 온도가 낮은 핫팩을 넣어두면 온도가 유지됩니다.

11. 뚜껑을 연 채 보온 된 비누를 하루 동안 두었다가 꺼내어 잘라 7일 이상 건조한 후 사용합니다.

오미자 비누 만들기 (민감피부 / 피부재생 _ KP비누)

* 사진상의 비누는
이미지촬영을 위해 화이트 팜을 사용하였습니다.

Schisandra Berries Soap

오미자에는 비타민 많은 과일로 유명한 블루베리보다 비타민C가 오미자에는 약 13배 이상 들어있고, 풍부한 항산화 성분, 단백질, 칼슘, 인, 철 등이 풍부해 독소나 노폐물 배출이 잘 됩니다. 피부에 트러블의 원인이 되는 각종 바이러스나 박테리아로부터 우리의 피부를 보호하며 촉촉함을 유지시켜주고 항산화성분인 리그난과 베타카로틴이 풍부해 체내 활성산소를 제거하고 노화로 인한 세포 손상도 방지합니다. 오미자는 피부 수축 작용을 하여 모공축소에 뛰어난 효과가 있고 손상된 피부의 회복력을 높여주고 비타민과 구연산 등의 풍부해 피부의 재생력을 높여 피부에 생기가 돌게 합니다. 피부 트러블을 억제하고 아토피나 알레르기성 피부를 진정시키는 효과가 있습니다.

오미자의 효능

독소, 노폐물 배출 / 바이러스보호/ 촉촉한 피부/ 노화예방 / 모공 축소 / 피부재생 / 아토피, 알레르기성 피부 진정

오미자비누 만들기 (민감피부 / 피부재생 _ KP비누)

만드는과정

비누 레시피

Recipe Information

재료		재료명	용량	비고
1번. 컵부분	오일	유기농 코코넛오일	100g	*피부타입: 중성 /건성피부 *유기농오일 대신 일반오일 사용가능. *레드팜오일이 없을 경우 팜 오일 사용가능.
		유기농 레드팜오일	40g	
		유기농 올리브오일	150g	
		유기농 피마자오일	40g	
		유기농 달맞이오일	30g	
		유기농시어버터	15g	
	가성소다 순도(98%)	가성소다(-3% DC)	54.2g	
	수상	건오미자 우린 물(30%)	112.5g	
	첨가물	오미자청	20g	
	Total		500g	
	INS	적당한 굳기와 단단함		143g
2번. 크림부분	화이트 비누베이스		200g	
	오마지청		20g	
	뜨거운 물		30g	
	구연산		10g	

비누의 특성	추천값	현재값	구분	지방산	함량	소계(%)
비누경도	30~55	35	포화지방산	라우르산	12.8	35.0
비누보습	45~70	65		미리스트산	5.2	
세정력	13~23	18		팔미트산	12.9	
거품생성도	15~45	28		스테아르산	4.1	
거품안정성	15~50	27	불포화지방산	리시놀레산	9.6	65.0
				올레산	36.2	
거품지속성	15~50	17		리놀레산	13.5	
				리놀렌산	1.1	
				기타	4.6	

[준비]

1. 오미자청을 준비합니다.

TIP. 오미자청 담그는 법

(담그는 시기: 보통 9월 초 ~ 10월 초 / 오미자1 : 백설탕1(무게 비율))

1. 오미자는 깨끗하게 씻어서 알맹이만 따서 준비한다.
2. 오미자에 8/10의 설탕을 넣고 잘 버무린다.
3. 오미자를 병에 담고 나머지 2/10의 설탕을 덮어둔다.
4. 실온에 하루 동안 뒀다가 유리병에 담고, 일주일 동안 하루에 한 번씩 뒤집어준다.
5. 3개월 정도 숙성시킨 후 채반에 걸러 오미자청을 냉장보관

(Tip. 햇빛이 비치지 않는 서늘한 곳에서 보관 / 뚜껑은 최대한 열지 않는 것이 좋음.
오미자 진액이 우러나기 시작하면 통을 흔들어 오미자와 원액이 잘 닿을 수 있도록 해준다.)

▌수제청은 만든 후 5일~ 10일 이내의 것을 사용하시면 가장 좋고, 발효가 오래 될수록 외부에 기포가 생길 수 있습니다.

How to make

1번. 컵 비누

Step 1

1. 건 오미자를 우려낸 차가운 물 or 얼음을 스테인리스 용기에 계량합니다.
2. 다른 용기에는 가성소다를 계량합니다.
3. 1번에 2번를 넣어 가성소다를 60도 온도의 가성소다수를 만들어 줍니다.

Step 2

1. 유기농 오일을 계량하여 60도로 온도를 올려줍니다.
2. 베이스오일에 60도의 오미자청을 튀지 않게 넣습니다.

Step 3

1. 베이스오일에 거품이 생기지 않을 정도까지 블렌더를 저속으로 작동시켜 거품을 빼냅니다.
2. 베이스오일에 60도의 가성소다액을 튀지 않게 넣고 블렌더를 저속으로 10초 정도 작동시킵니다.
3. 핸드 블렌더를 꺼내지 않은 상태에서 실리콘 주걱으로 아래위로 잘 섞어줍니다.
4. 블렌더를 저속으로 10초 정도 돌려 골고루 섞어 요거트 점도까지 트레이스를 내고 블렌더를 빼냅니다.
5. 잘 혼합된 비누액을 몰드에 넣어줍니다.
6. 수건이나 담요에 잘 싸서 60도 온도로 24시간 동안 보온합니다.
7. 뚜껑을 연 채 보온된 비누를 하루 동안 두었다가 꺼내어 7일 이상 건조한 후 크림비누를 올립니다.

2번. 생크림 비누

1. 핫플레이트에서 잘게 자른 비누베이스(200g)를 녹여줍니다.
2. 1번에 뜨거운 물(30g)과 오미자청(20g) 구연산(10g)을 넣어 주세요.
2. 미니거품기를 사용해 거품이 올라올 정도로 빠르게 저어줍니다.
3. 몽글한 거품이 올라왔을 때 조금더 빠르게 저어주면 생크림 재형의 비누가 나옵니다.
4. 스푼 or 짤주머니에 생크림비누를 넣어 KP컵 비누에 원하는 만큼 짜서 올려줍니다.
5. 4번에 건 오미자 & 금가루를 정식으로 올리면 보기가 더 좋습니다.

꿀 & 인삼 비누 만들기 (미백 / 안티에이징 _ KP비누)

Honey & Ginseng Soap

꿀에는 피부의 탄력에 필요한 비타민B2, B12가 풍부하고, 보습에도 좋아 거칠어진 피부에 좋습니다. 살균력이 뛰어나 피부의 트러블을 잡아주고, 아미노산 뿐만 아니라 비타민과 무기질 등이 각질과 노폐물 제거에도 도움이 됩니다. 항산화 성분으로 인해 피부 재생에도 도움을 줄 뿐 아니라 촉촉한 피부에 도움이 됩니다.

인삼에는 피부에 좋은 사포닌 성분 '진세노사이드'가 함유되어, 피부 안티에이징에 도움이 된다는 연구들이 학계에 제시되고 있습니다. 노화를 방지하는 성분, 피부 미백에 도움이 되는 성분, 피부 방어력을 높이는 성분 등이 다량 함유되어 건조한 피부를 매끄럽고 윤기 있는 피부로 가꿔주고, 수분을 최대치로 증대시켜주어 신진대사를 도와주는 역활을 합니다. 피부가려움증이나 기미, 주근깨, 여드름에 좋고, 인삼은 피부를 맑고 깨끗하게 가꿀 수 있도록 도와 줍니다.

꿀 & 인삼의 효능

피부재생 / 보습 / 살균력 / 노폐물제거 / 노화예방 / 피부재생 / 가려운피부 / 기미, 주근깨, 여드름 / 피부윤기/ 맑고, 깨끗한피부

꿀인삼비누 만들기 (민감피부 / 피부재생 _ KP비누)

만드는과정

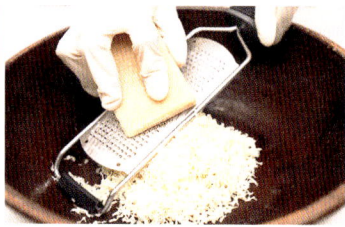

비누 레시피

Recipe Information

재료	재료명	용량	비고
오일	유기농 코코넛오일	69g	
	유기농 올리브오일	156g	
	유기농 달맞이 꽃	20g	*피부타입: 건성피부
	유기농 피마자오일	35g	
	유기농 시어버터	20g	
가성소다 순도(98%)	가성소다 (-3% DC)	42.5g	*유기농오일 대신 일반오일 사용가능.
수상	인삼 끓인 물 (30%)	90g	
첨가물	꿀인삼청	20g	
	갈아둔 KP 비누	75g	
Total	약 500g		
INS	약간 무르지만 무난함 + @ = 적당한 굳기		135g + @ (KP비누마다 다를 수 있음)

비누의 특성	추천값	현재값	구분	지방산	함량	소계(%)
비누경도	30~55	30	포화지방산	라우르산	11.0	30.0
비누보습	45~70	70		미리스트산	4.4	
세정력	13~23	15		팔미트산	9.7	
거품생성도	15~45	26		스테아르산	4.9	
거품안정성	15~50	25	불포화지방산	리시놀레산	10.5	70.0
거품지속성	15~50	15		올레산	41.4	
				리놀레산	12.9	
				리놀렌산	1.1	
				기타	4.1	

[준비]

1. 꿀인삼청을 준비합니다.

> TIP. 꿀인삼청 담그는 법
> (담그는 시기: 보통 9월 ~ 11월, 3월 초순경 / 인삼1 : 꿀1 or 백설딩1 (무게 비율))
> 1. 인삼은 솔로 꼼꼼하게 씻어주고, 키친타올로 물기를 제거한다.
> 2. 인삼이 잘 재워지도록 얇게 썰어 편으로 만들어 넣고 만들기 준비한다.
> 3. 얇고 잘 게썬 인삼을 소독한 유리병에 넣은 후 그 위에 꿀을 그대로 붓는다.
> 3. 꿀과 인삼을 저어준다.
> 4. 실온에 뒀다가 인삼이 위로 뜨면, 잘 저어 냉장보관.(약3~5일)
> (Tip. 햇빛이 비치지 않는 서늘한 곳에서 보관 / 뚜껑은 최대한 열지 않는 것이 좋음)

▎ 수제청은 만든 후 5일~ 10일 이내의 것을 사용하면 가장 좋고, 발효가 오래 될수록 외부에 기포가 생길 수 있습니다.

How to make

Step 1

1. 스테인리스 용기에 정제수를, 다른 용기에는 가성소다를 계량합니다.
2. 정제수에 가성소다를 넣어 60도의 가성소다수를 만듭니다.

Step 2

1. 비누화가 끝난 KP비누를 강판에 갈아줍니다.
   (시판 비누를 사용할 경우 pH, 유리알칼리 0%를 확인 후 사용)

Step 3

1. 베이스 오일과 꿀인삼청을 계량하고 60도로 온도를 올려줍니다.

Step 4

1. 베이스오일에 기포가 생기지 않을 정도까지 저속으로 블렌더를 작동시키거나, 헤드로만 돌려줍니다.
2. 베이스오일에 튀지 않게 가성소다 수용액을 넣습니다. (각각 60도)
3. 블렌더를 저속으로 10초 정도 작동시킵니다.
4. 핸드 블렌더를 꺼내지 않은 상태에서 실리콘 주걱으로 골고루 섞습니다.
5. 꿀인삼청과 갈아둔 비누(Step2)를 넣어 블렌더를 저속으로 10초 정도 돌려 골고루 섞습니다.

   TIP. 갈아둔 비누가 들어가 온도가 떨어질 수 있으니 핫플레이트의 잔열 위에 올려두고 만듭니다.
   그렇지만 온도가 60도이상 올라간다면, 비누속의 글리세린이 밖으로 나와 버릴수 있으니 조심합니다.

6. 약간 뻑뻑한 점도까지 트레이스를 내고 블렌더를 뺍니다.
7. 잘 섞인 비누액을 몰드나 우유갑에 옮겨 담고 뚜껑을 닫습니다.
8. 기포가 있을 수 있으니, 몰드의 바닥과 옆면을 쳐서 기포를 제거해 주시기 바랍니다.
9. 수건이나 담요에 잘 싸서 60도로 24시간 동안 보온합니다.

   TIP. 천으로 감아 스티로폼 상자에 넣고 핫팩(온도확인)을 넣어두면 온도가 유지됩니다.

10. 보온된 비누를 뚜껑을 열고 실온에서 하루 두었다가 꺼내어 잘라 7일 이상 건조한 후 사용하면 됩니다.

비누 만들 때 알아두면 좋은 점

분말의 종류 및 특징

비누를 만들때 천연분말, 광물, 안료, 염료를 사용하여 색을 내기도 합니다. 비누의 색을 낼 때는 천연분말로 색을 내시기를 추천합니다. 비누의 색과 특징을 나타낼 수 있는 천연분말은 재료별 특징과 기능이 각각 다르기에 알아두면 피부 타입에 더욱 잘 맞는 비누와 질감 색을 더하여 만들 수 있습니다. 천연분말은 자연에서 얻은 재료로 분말가루로 만든 것입니다.(비누 총량의 2% 이내로 첨가)

천연 분말

종류	특징
단호박	단호박에 들어있는 베타카로틴 성분,비타민B1,B2,C, E가 들어있어 피부의 재생, 미백, 노화 및 주름방지, 피부 탄력, 피부 보습, 트러블 완화에 도움
녹차	녹차의 폴리페놀은 살균효과, 여드름 예방과 치료, 모공수축, 노화 방지에 도움, 비타민C를 함유하고 있어 피부잡티와, 피부미백 완화
파프리카	파프리카 속 비타민 A가 기미와 주근깨 등의 잡티를 예방, 비타민C는 미백r과 보습에 효과, 피부 보호, 스트레스 해소와 피부 탄력 유지에 도움
브로콜리	브로콜리에 들어있는 설포라판 성분과 비타민C가 피부 미백과 보습, 비타민A 성분이 세균감염을 예방하여 여드름 피부에 도움, 또한 피부 보습력이 좋아 건조한 아토피 피부에 도움
창포	창포 속 정유성분은 모발의 윤기와 비듬 완화에 효과적, 향기로 인해 피로 완화, 피부 보습에 효과적이어 가려움증, 무좀, 습진, 염증 등에 사용
치자	항균작용으로 각종 독소 및 노폐물 배출 효과, 부종을 완화, 각종 피부 트러블들을 완화, 피부 진정작용과 진균 억제, 피부 속 열기를 내려주는데 도움
시금치	비타민A인 베타카로틴 성분이 풍부하여 항산화 효과, 세포재생능력이 뛰어남, 잎 속 성분은 기미 및 주근깨 완화, 미백 효과, 엽록소에는 살균효과, 줄기 속 성분이 피부 탄력에 효능
숯	다공질에 의한 강한 흡착 효과를 가지고 있어 각종 노폐물에 흡착, 또한, 숯의 미네랄 성분이 매끄러운 느낌, 몸의 긴장과 이완에 효과, 피부세포의 활성화 작용을 도와 피부질환에 사용
클로렐라	핵산 성분과 각종 필수아미노산, 칼륨, 마그네슘, 아연 등의 미네랄이 면역세포를 활성화해 면역력을 증진, 세포 재생, 상처 회복에 도움, 자외선을 흡수해 피부를 보호하고 미백효과를 가짐
청대	청대는포도상구균을 99.9% 살균하여 해로운 균을 죽이고, 열독을 내려주는 효과, 또한, 트러블과 가려움증에 도움

어성초	어성초의 데카노일 아세트알데히드 성분으로 시판 항생제의 4만 배에 이르는 효능을 보여주어 피부질환과 염증 치료에 도움, 노폐물 배출, 피부 미용에 효과, 피부 속 수분을 유지, 피부 보습과 기미, 노화 방지에 도움
율피	율피 속 탄닌 성분으로 모공이 크고 지성인 피부에 효과, 또한 피지와 각질제거에 효과가 있어 여드름 피부에 사용.
닥나무	미백 효능, 기미와 주근깨 등 피부의 잡티 생성 억제, 피부 노화의 주된 원인인 활성산소 제거에 효과적, 피부 탄력에 도움
감초	감초는 진정작용, 여드름 피부, 아토피 피부, 묵은 각질과 피지가 제거되어 매끄럽고 윤기있는 피부, 색소 침착과 홍반현상 예방, 잡티 완화
석류	석류에는 미네랄과 비타민이 풍부해 피부를 윤기, 탄력에 도움. 석류의 주성분은 포도당, 과당, 올리고당 등과 구연산, 수용성 비타민 등이 다량 함유
편백	편백에는 피톤치드라는 천연 항균물질이 많이 함유되어 살균 작용,알레르기 예방 및 항균작용이 뛰어나 지성, 여드름 피부에 효과적, 에레몰 성분은 아토피 치료에 효과적임
녹두	녹두의 단백질은 피지 제거 기능으로 피부 청정과 보습효과, 피부해독작용,항염 및 항산화효과로 여드름을 가라앉히고 미백작용과 트러블을 진정시키며 자극이 없어 트러블 피부나 민감한 피부에 사용
미강	쌀겨가루라고도 불리며 비타민A, B, 철분, 인, 미네랄 등의 영양소가 풍부. 건성이나 노화피부에 효과적, 각질제거 또한 세정작용. 미강에는 지방분이 함유되어 있어 피부가 윤택해지고 매끄러워짐
자초	자초는 해독작용이 있고 피부의 발진을 치료하는 효능, 자초는 천연제품의 붉은 색을 낼때도 주로 사용
진주	피부를 산성으로 유지시켜 피부 노화를 막고 보습효과, 혈액순환과 세포재생, 고운 피부로 개선, 미백작용 세정작용 피부를 맑고 깨끗하게 하는 효능
자소엽	자소엽은 자극완화, 진정 효능, 아토피, 건성, 여드름 등과같은 문제성 피부 적용, 피부 진정 작용. 항산화효능, 피부노화 예방
보스웰리아	프랑킨센스 레진 파우더는 피부의 노화 예방, 미백, 거친 피부 개선, 세포의 재생을 촉진시켜 노화된 피부에 도움
노니	노니성분인 프로제로닌은 손상된 세포를 치유, 인체에 광범위한 효과
맥주효모	맥주효모에는 비타민과 영양소가 풍부, 특히 두피와 모발 건강에 좋은 두피 염증이나 탈모 방지에도 효과
병풀	병풀은 사포닌 성분이 염증이 있는 조직을 회복, 트러블성 피부에 도움

색소

비누에 디자인적인 요소를 더하기 위해 사용합니다. 비누에 주로 사용하는 색소는 식용색소, 옥사이드, 마이카 등이 있습니다.

인퓨즈드 오일 만들기

인퓨즈드 오일 침출법은 상온에서 침출해내는 콜드 인퓨전(Cold infusion) 방식과 열을 물리적으로 가하여 침출해내는 핫 인퓨전(Hot infusion) 방식이 있습니다.

상온에서 우려내는 방식은 열을 가하여 우려내는 방식보다 시간이 많이 걸리지만 허브나 한약재 등의 유효성분을 변성 없이 우려낼 수 있고 오일 자체의 산패도 더디게 진행됩니다. 인퓨즈드 오일은 고온 열탕 방식에서 얻어낼 수 없는 허브나 약재의 지용성 유효성분을 침출해내는 데 좋은 방식입니다. 인퓨즈드 오일은 화장품 재료, 비누 재료, 연고제, 마사지 오일 등으로 다양하게 활용되며 일반 오일에 비해 시너지 효과를 기대할 수 있습니다.

▌ 인퓨즈드 오일을 제조할 때 주로 사용하는 오일
호호바, 해바라기, 포도씨유, 윗점오일, 스윗아몬드유, 올리브유, 마카다미아넛오일

(1) 핫 인퓨즈드 오일(Hot infused oil)

1. 중탕기나 슬로우 쿠커를 깨끗이 소독한 다음 허브를 채워넣고 10:1, 5:1(오일 : 허브) 비율로 허브에 넣어 주세요.
2. 슬로우 쿠커나 중탕기를 이용하여 45~50도 정도의 온도로 6~8시간 중탕합니다.
   1~2시간마다 허브가 잘 우러나도록 주걱으로 한 번씩 저어주고 중탕이 끝나면 걸러서 차광병에 넣어 냉장 보관하세요.

   Tip. 1. 허브의 사용량 : 허브의 양은 콜드 인퓨즈드 오일보다 조금 적게 넣어도 됩니다.
        2. 중탕 온도가 너무 높으면 오일의 산패가 촉진되니 절대로 고온에서 중탕하지 마세요.

(2) 콜드 인퓨즈드 오일(Cold infused oil)

재료와 도구 : 입구가 넓은 유리병, 허브, 오일

1. 입구가 넓은 유리병이나 차광병을 물에 끓여 소독하거나 소독용 에탄올로 용기를 소독한 다음 허브를 용기에 담습니다.

   Tip. 보통 10:1, 5:1(오일:허브)의 비율이면 적당하나 허브의 상태나 부피 등에 따라 차이가 있을 수 있으므로 허브가 오일에 푹 잠길 정도로 하면 적당합니다.

2. 오일양에 원하는 허브를 부어줍니다.

3. 자연스럽게 허브의 유용한 성분들이 오일에 우러나도록 창가나 볕이 잘 드는 곳에 놓아둔 후 하루에 한두 번 잘 흔들어 줍니다.

4. 2주 정도 허브를 우려냅니다.

   Tip. 처음부터 허브 자체를 얇게 썰어 티망에 넣고 용기에 담은 다음 오일을 붓고 인퓨즈드해도 편리합니다.

6. 거름망을 이용해 오일을 걸러냅니다.

7. 용기를 소독한 다음 인퓨즈된 오일을 차광병에 담아서 냉장 보관합니다.

아로마 에센셜 오일의 특징과 종류

에센셜 오일은 식물의 잎이나 꽃 등에서 추출한 오일입니다. 비누로 제작 될 때에는 테라피적효과 보다 천연의 향을 위해 첨가합니다. 이 오일들은 휘발이 강하고 열에 약하기 때문에 적절하게 사용 해야 비누의 향을 오래 지속시킬 수 있습니다. 그래서 고가의 에센셜오일을 사용하는것은 추천하 지않고, 너무 저렴한 것을 사용하면 트레이스를 가속화 시킵니다. (아로마에센셜오일은 의약품이 아님. 취급설명서와 주의사항을 반드시 숙지 후 사용 추천)

종류	특징
라벤더	깨끗하고우아한 향이며 아로마테라피에서 가장 넓게 사용되는 오일, 피부에 직접 바를 수 있고, 긴장, 피로 회복에 효과적이고 진정, 강심, 건위, 구풍, 살균, 살진 작용을 하며 항바이러스, 항우울 등에 도움
라임	약간 떫은 듯 달콤한 향, 무기력하거나 우울할 때 효과적, 강장, 해열, 항바이러스, 살충 작용, 식용 증진 등에 많이 쓰임 (주의: 사용 직후 햇빛에 노출되면 붉은 반점 등이 생기는 광과민성 반응을 주의해야 함)
레몬	특유의 상쾌하고 산뜻한 향, 진정 작용, 기분을 상쾌하게 전환시키고 화장수로 사용하면 각질을 제거, 건조성 피부염에 뛰어난 효과 (주의: 민감한 피부에는 소량만 사용하고 광과민성 반응에 주의해야 함)
그레이프 프루츠	상쾌한 감귤계의 향이 기분을 상승시켜 주며 비타민C함량이 높아 감염질환을 막아주며 지성피부, 충혈된 피부, 지방분해 및 셀룰라이트 관리에 도움
니아울리	신선하고 달콤한 향을 가졌는데 티트리와 비슷한 효능,예로부터 프랑스에서는 살균, 소독 작용으로 병원에서 니아울리 오일을 사용,피부를 탄탄하게 하고 피부미용에 좋고, 근육통 완화, 집중력 강화에 도움
레몬 그라스	'벼'과 식물로 흙냄새가 섞인듯한 레몬향. 향은 레몬과 비슷하지만 레몬그라스는 감광성이 없다.강한 수렴작용으로 모공, 여드름, 지성 두피와 모발관리, 지성 피부무좀에도 효과, 정신적인 피로 완화에 도움
로즈 마리	로즈마리는 집중력과 기억력에 도움, 지성피부, 두피 혈액순환을 도와 모발성장 촉진에 도움. 향을 맡으면 상쾌하고 정신을 맑게 해주며 마음을 차분하게 해주며 피로를 완화에 도움
만다린	지치고 피로한 마음에 생기를 불어 넣어주며 기분을 맑게 해줌. 피부연화 작용, 세포 활성화, 살균작용, 여드름 피부, 지성 피부, 보습력이 있어 건성피부에 도움.
민트	멘톨은 독특한 향기가 있고, 한방에서는 잎을 말려 약재로 사용, 살균과 항박테리아의 성분, 치아의 노페물 제거, 치통, 혈관청소, 신경계를 정상화, 진정시킴

스위트 오렌지	오렌지 껍질에서 추출한 오일, 긴장과 불안 완화, 감기 예방, 부종 완화, 식욕 촉진, 노폐물 배출, 지성피부, 보습과 피부 유연 작용으로 건성, 노화 피부에 도움
샌달 우드	'백단향'이라고도 불리며신경적인 우울증에 좋으며 스트레스, 불면증, 신경강장의 효과, 뛰 어난 수렴작용으로 건성 피부, 여드름, 노화 피부에 이용
시나몬	계피의 일종으로 마음이 가라 앉지 않을 때 달콤하고 매운 향이 마음을 안정, 편안한 느낌 선사, 활력, 육체적, 정신적 건강에 좋고 면역기능 증진에 도움
로즈 우드	생기를 돋우는 특성을 가지고 있어 두통과 불안 완화, 살균작용과 세포생육촉진 능력이 있 어 여드름, 피부염, 민감성 피부, 노화피부, 손상된 피부 치료에 도움, 방부성이 있어 탈취 제로 추천
자스민	강력한 달콤함을 가진 플로럴 향기, 향기의 여왕이라 불리움. 정신적, 감정적으로 안정시 키는 효과, 항우울에도 도움이 되고, 건성과 민강성피부에 사용추천
카모마일	사과 향을 연상시키는 상큼하고 달콤한 향, 마음을 진정시키고 불면증에 효과적, 피부를 부드럽고 탄력있게 도움. 모든 알레르기 피부에 사용.
티트리	잎에서 추출하며 시원하고 상쾌한 향. 백혈구를 활성화시키며 항균, 항진균 효과면역 체계 를 활성화시켜 전염성 질병을 퇴치하는 데 효과적.
페퍼민트	식물 전체에서 추출한 오일이며, 민트 특유의 상쾌하고 시원한 향 정신적 피로와 우울증에 효과.기분을 시원하게 하고, 활력을 느낄 수 있도록 도움
사이 프러스	열매에서 추출한 오일이며, 솔 향기처럼 상쾌한 향, 진정 작용, 정맥 질환과 치질에 효과 적, 여드름, 지성피부, 수분 과잉 상태, 과도한 땀 분비에 추천
일랑일랑	꽃에서 추출한 오일이며 관능적이고 에로틱한 향, '사랑의 전령사'로 불리는 만큼 최음 작 용이 있고, 건성 피부와 지성 피부에 추천
오렌지	과일 껍질에서 추출한 오일이며 싱그러운 감귤계의 향, 피로와 긴장을 해소, 피부 독소 제 거,건조한 피부, 주름, 피부염을 개선하는 효과
프랑 킨센스	나무의 수액을 굳혀 추출한 오일, 숲속에 들어온 듯 그윽한 향. 편안함과 행복감을 느껴 심 리적인 불안감, 강박 관념 해소, 주름 제거 및 탄력, 피부트러블에 도움

지방산

비누를 만들 때에는 유지를 사용합니다. 오일과 지방산을 총창하여 유지라고 합니다

오일에 함유된 지방산의 종류에 따라 비누의 거품이나 세정력, 단단함, 보습력 등이 달라질 수 있습니다. 지방산은 지방을 가수분해한 유지이고, 탄소와 수소의 결합으로 이루어져 있습니다. 이는 이중결합의 수로 크게 포화지방산과 불포화지방산으로 나뉩니다. 각 베이스 오일의 특성과 지방산 함량을 확인하고 적절한 오일을 선택하면 피부 타입에 맞는 천연비누를 만들 수 있습니다.

지방산의 종류

포화지방산

포화지방산은 세정력과 경도를 강화하고 거품량을 늘어나고, 실온에서 고체이며 융점이 높고, 반응성이 낮으며 안정성이 높고, 산화가 느립니다. 온도가 낮아지면 고체 상태가 되는 성질을 갖고 있습니다. 비누를 만들 때 포화지방산 함량이 높으면 비누가 단단하고 거품이 많이 발생합니다.

코코넛 오일, 팜 오일, 동물성 지방 등의 오일이 포화지방산에 해당됩니다. 대표적인 포화지방산으로는 라우르산(Lauric Acid), 미리스트산(Myristic Acid), 팔미트산(Palmitic Acid), 스테아르산(Stearic Acid)이 있습니다. (탄소와 수소가 단일결합의 형태로 되어 있고, 이중결합을 하지 않습니다.)

불포화지방산

불포화지방산은 포화지방산에 비해 녹는점이 낮으며 컨디셔닝의 역할을 하고, 액체 상태로 존재합니다. 산화 안정성이 떨어져 열과 빛에 약하며 산화가 빠릅니다. 거품은 조밀하지만 비누가 약한 편이고 불포화지방산이 많이 포함되면 무른 비누가 만들어집니다.

올리브오일, 동백오일, 해바라기씨오일 등 식물성오일이 해당되고, 대표적인 불포화지방산으로는 리시놀레산(Ricinoleic Acid), 올레산(Oleic Acid), 리놀레산(Linoleic Acid), 리놀레인산(Linolenic Acid)이 있습니다. (탄소 사슬에 수소가 결합되어 있고 안정적이지 않으며 1개 이상의 이중결합을 한 것 입니다.)

지방산의 종류에 따른 비누의 특징

지방산의 종류		경도	세정력	거품	보습	거품의안전성
포화 지방산	라우르산	O	O	O	–	–
	미리스트산	O	O	O	–	–
	팔미트산	O	–	–	–	O
	스테아르산	O	–	–	–	O
불포화 지방산	리시놀레산	–	–	O	O	O
	올레산	–	–	–	O	–
	리놀레산	–	–	–	O	–
	리놀렌산	–	–	–	O	–

지방산의 특징

지방산의 종류		특징
포화 지방산	라우르산	거품을 내는 성질이 있어 거품이 크고 지속됩니다. 찬물에서도 잘녹고 단단하고 세정력이 강하며 세정력, 풍부한 거품을 냅니다.
	미리스트산	단단하며 풍부한 거품을 내고 클렌징 효과가 뛰어납니다. 비누의 경도를 높여주고, 친수성이 강하고, 경도가 우수합니다.
	팔미트산	스테아르산, 올레산과 함께 대표적인 저자극성 지방산으로 거품이 작으나 안정적이고 풍부하며 비누의 경도가 좋습니다.
	스테아르산	상온에서 고체인 지방에 함유량이 많고 안정적인 거품을 내고 비누의 단단함에 영향을 주며 버터류에 함유되어 있습니다.
불포화 지방산	리시놀레산	대표적인 오일로 피마자 오일이 있습니다. 안정적이고 풍부한 거품을 내고 보습을 높여줍니다.
	올레산	피부 침투력이 좋고 거품이 안정적일 뿐만 아니라 보습력이 좋습니다.
	리놀레산	피부 보습력을 높이고 피부컨디셔닝을 도와주기는하나 산패가 빠르므로 많이 첨가될 경우 비누가 쉽게 끈적해질 수 있습니다.
	리놀렌산	리놀레산과 성질이 비슷하며 식물성 기름에 많이 함유된 성분입니다.

비누의 경도

비누의 경도는 여러 가지 요인에 의해 결정됩니다.

DIY 방식으로 비누를 제조할 때 INS 값을 잘 활용되지 않는 것은 요오드화 값이 낮고 INS 값이 높은 포화도가 좋은 팜유와 코코넛유를 레시피에 구성하는 오일 중 가장 기본 베이스 오일로 활용하기 때문입니다. 또한 코코넛유와 팜유의 첨가량에 따라 경도를 조절할 수 있으며 경도를 올리기 위해 밀랍이나 스테아르산을 이용하기도 합니다.

오일의 종류, 수상의 양, 가성소다나 가성가리의 사용량, 첨가물을 어떻게 배합하고 사용하였는가 여러 가지 조건에 의해 형성됩니다. 아래에서 제시하는 요오드화 값이나 INS값을 기준으로 레시피를 구성하면 비누의 품질이나 사용감이 아닌 경도가 그 비누의 중심 내용이 되어 버리기에 참고 수치로만 활용하는 게 좋습니다.

오일의 특성 참고 도표

코코넛유

가성소다 값	가성가리 값	라우르산	미리스산	팔미트산	올레산	스테아르산	리놀레산	요오드화 값	INS값
0.19	0.266	39~54%	15~23%	6~11%	4~11%	1~4%	1~2%	10.4	258

팜유

가성소다 값	가성가리 값	팔미트산	올레산	리놀레산	스테아르산	요오드화 값	INS 값
0.141	0.1974	40~45%	38~42%	9~11%	4~5%	45~57	145

올리브유

가성소다 값	가성가리 값	올레산	팔미트산	리놀레산	스테아르산	리놀레인산	요오드화 값	INS 값
0.134	0.1876	63~81%	7~14%	5~15%	3~5%	1%	79~95	109

피마자유

가성소다 값	가성가리 값	리시놀레산	리놀레산	올레산	요오드화 값	INS 값
0.1286	0.18	88·94%	3~4%	3~4%	82~90	95

해바라기유

가성소다 값	가성가리 값	리놀레산	올레산	팔미트산	스테아르산	리놀레인산	요오드화 값	INS 값
0.134	0.18976	70%	16%	7%	4%	1%	119~138	63

살구씨유

가성소다 값	가성가리 값	올레산	리놀레산	팔미트산	요오드화 값	INS 값
0.135	0.189	58~74%	20~34%	4~7%	92~108	91

스윗아몬드유

가성소다 값	가성가리 값	올레산	리놀레산	팔미트산	요오드화 값	INS 값
0.136	0.1904	64~82%	8~28%	6~8%	93~106	97

포도씨유

가성소다 값	가성가리 값	리놀레산	올레산	팔미트산	스테아르산	요오드화 값	INS 값
0.1265	0.1771	58~78%	12~28%	5~11%	3~6%	125~142	66

달맞이꽃 종자유

가성소다 값	가성가리 값	리놀레산	리놀레인산	올레산	팔미트산	스테아르산	요오드화 값	INS 값
0.136	0.191	72%	9%	9%	7%	2%	135~165	30

동백유

가성소다 값	가성가리 값	올레산	팔미트산	리놀레산	스테아르산	리놀레인산	요오드화 값	INS 값
0.136	0.1904	70~86%	8%	4%	2%	0.6%	79~90	110

아보카도유

가성소다 값	가성가리 값	올레산	팔미트산	리놀레산	팔미톨레산	스테아르산	요오드화 값	INS 값
0.133	0.1848	54~74%	12~25%	6~16%	2~12%	1~3%	80~95	99

윗점오일

가성소다 값	가성가리 값	리놀레산	올레산	팔미트산	리놀레인산	요오드화 값	INS 값
0.132	0.1848	49~60%	15~26%	11~21%	1~6%	125~135	58

미강유

가성소다 값	가성가리 값	올레산	리놀레산	팔미트산	스테아르산	요오드화 값	INS 값
0.128	0.1792	42~43%	36~40%	15~16%	1~2%	105~115	70

쉐어버터

가성소다 값	가성가리 값	올레산	스테아르산	리놀레산	팔미트산	요오드화 값	INS 값
0.128	0.1792	40~55%	35~45%	3~8%	3~8%	55~71	116

카놀라유

가성소다 값	가성가리 값	올레산	리놀레산	리놀레인산	팔미트산	요오드화 값	INS 값
0.124	0.1736	60%	15~20%	9%	1%	105~120	56

대마씨유

가성소다 값	가성가리 값	리놀레산	리놀레인산	올레산	팔미트산	스테아르산	요오드화 값	INS 값
0.1345	0.1883	57%	21%	12%	6.5%	2.5%	165~166.5	39

마카다미아 넛 오일

가성소다 값	가성가리 값	올레산	팔미톨레산	팔미트산	스테아르산	리놀레산	요오드화 값	INS 값
0.139	0.1946	54~63%	20~21%	7~10%	2~6%	1~3%	73~79	119

녹차씨유

가성소다 값	가성가리 값	올레산	리놀레산	리놀레인산	요오드화 값	INS 값
0.137	0.918	57~62%	21~25%	1~3%	80~92	110

호호바

가성소다 값	가성가리 값	올레산	요오드화 값	INS 값
0.069	0.0966	10~13%	80~85	11

님 오일

가성소다 값	가성가리 값	올레산	스테아르산	팔미트산	리놀레산	미리스트산	요오드화 값	INS 값
0.1387	0.1941	48~57%	17%	14%	10%	2~3%	84~94	124

라드

가성소다 값	가성가리 값	올레산	팔미트산	스테아르산	리놀레산	미리스트산	요오드화 값	INS 값
0.138	0.1932	40~48%	25~28%	13%	10%	1%	43~57	139

로즈힙오일

가성소다 값	가성가리 값	리놀레산	리놀레인산	올레산	팔미트산	요오드화 값	INS 값
0.1378	0.1929	44%	30~35%	10~14%	3~4%	180~195	10

유지의 이중 결합이 많을수록 요오드값이 커지며 산화가 빠르고 요오드화 값이 작을수록 포화지방산에 가까워서 단단한 비누가 됩니다. 요오드화 값과 INS 값의 관계를 살펴보면 요오드화 값이 높은 경우 INS 값이 낮고 요오드화 값이 낮으면 INS 값이 높다는 것을 알 수 있습니다. 요오드화 값 또한 정확한 수치를 나타내기는 어렵지만 높고 낮음을 기준으로 비누를 만들때 활용하면 비누의 경도를 예상할 수 있습니다.

요오드화 값은 오일별로 건성유(130 이상 - 불포화도가 높기에 공기 중에서 산화되어 유지 표면에 피막이 형성, 공기 중에 방치하거나 가열하면 산소를 흡수하고 점도가 증가). 반건성유(100~130 - 공기 중에서 건성 유보다 얇은 피막이 형성). 불건성유(100 이하 - 공기 중에서 피막이 형성되지 않는 안정된 유지이며 쉽게 굳어지지 않음)로 나눕니다. 굳이 각 오일의 지방산 비율과 요오드화 값이나 INS 값을 모두 외우고 비누를 제조할 때마다 참고할 필요는 없습니다.

표에 표기된 성분 외에도 각기 오일의 고유적 특성에 따라 소의 다른 지방산이나 미네랄, 비타민 등도 구성 성분에 들어갑니다. 표를 보고 각 오일의 대표적인 지방산 정도만 파악해도 비누를 제조하는데 참고 할 수 있습니다.

계면활성제

액체, 고체, 기체 등이 서로 맞닿아 형성되는 경계면을 계면이라고 합니다. 가장 대표적으로 우리 주변에서 볼 수 있는 것이 바로 비누이며, 샴푸, 린스, 주방세제, 유화제 등도여기에 포함됩니다. 비누 분자에는 친유성의 성질과 물과 친한 친수성의 성질이 들어 있는데 비누가 물의 표면으로 넓게 퍼지려는 성질을 살펴보면 기름이 물의 위에 뜨듯이 친유성의 성질을 가진 비누가 물의 반발력에 의해 표면으로 가기 때문입니다. 계면활성제는 계면을 활성화시키는 주체가 어떤 것이냐에 따라 구분됩니다.

음이온 계면활성제

음이온 계면활성제를 대표적인 것이 비누입니다. 주방세제나 샴푸 등도 대부분 음이온 계면활성제에 속합니다. 음이온 계면활성제는 기포력과 세정력이 우수하다는 특징이 있습니다.

양이온 계면활성제

살균, 소독 및 유연효과가 뛰어나 정전기 방지를 위한 섬유린스나 모발용 린스, 대전방지제 등이 여기에 속합니다.

양쪽성 계면활성제

한분자내에 양이온 음이온을 동시에 가짐으로 다른유형보다 피부와 눈에 덜 자극적입니다. 저자극 세정제, 베이비삼푸나 금속이온봉쇄제, 먼지 청정제 등이 있습니다.

비이온 계면활성제

이온성 계면활성제보다 안정성이 높고 유화력, 습윤력, 가용화력, 분산력등이 우수하여 세정제를 제외한 화장품에 사용합니다. 물에 이온화되지 않고 용해되는 성질로 유화제, 분산제, 염색제 등에 사용되며 세정제로도 개발하여 사용됩니다.

※ 계면활성제는 피부 자극이나 세정력 부분에 있어 구분하여 사용하기도 하나 사용 목적에 따라 장점과 단점이 뚜렷하기 때문에 각 계면활성제의 특성을 잘 활용하여 제품에 적용하는 것이 좋습니다.

Q&A

Q. 손에 수산화나트륨액이 묻었는데 어떻게 하죠?

A. 곧바로 물로 깨끗이 씻고 비누로 다시 씻습니다.

Q. 완성된 비누액에 기포가 많이 있습니다.

A. 블렌더를 많이 사용했을 경우 나타납니다. 비누틀에 비누액을 붓고, 비누틀 밑바닥을 두드려 기포를 빼내야 합니다. 또 오래 발효된 수제청을 사용하면 비누의 표면쪽에 기포가 생기게 됩니다. 만약 오래 발효된 수제청을 사용하여 기포가 생겼을 경우, 사용해도 무관합니다. 보기가 싫다면 기포부분을 잘라서 사용하면 됩니다.

Q. 보온 후 커팅할 때 비누가 부서져요.

A. 가성소다의 양이 적정량보다 많이 들어간 경우, 물이 너무 적었을 때, 보온하는 온도가 너무 낮았을때 나타나는 현상입니다.

Q. 몇 시간이 지나도 트레이스가 나타나지 않아요.

A. 실내온도가 너무 낮거나 가성소다가 부족했을 때 나타나는 현상입니다. 비누액을 중탕으로 데워 그대로 하루 정도 둡니다. 오일이나 수산화나트륨의 양이 잘못되지 않았다면 시간이 걸리긴 해도 굳습니다. 만약 기다려도 굳지 않으면 양을 잘못 쟀을 가능성이 크므로 과감하게 버려야 합니다. 흘러나오지 못하게 입구를 막고, 태우는 쓰레기로 버리길 바랍니다.

Q. pH 테스트는 어떻게 하는 건가요?

A. 비누 표면에 거품을 내어 측정하거나 비누 조각을 녹인 비눗물에서 측정하면 됩니다.

Q. 비누를 숙성 후 장기간 사용하지 않을 때 어떻게 관리하나요?

A. 밀봉 처리한 뒤 실리카겔 등과 함께 직사광선을 피하여 습기가 없고 서늘한 곳에 보관하는 것이 좋습니다.

Q. 트레이스를 내다가 잠시 놓아두었는데 괜찮은지요?

A. 비누를 만들 때 교반을 하여 트레이스를 내는 과정까지 중간에 놓아두는 일이 없도록 해야 합니다.

Q. **비누의 사용 기한이 있나요?**

A. 비누마다 보관 방법이 다르고, 거주 지역, 실내 온도, 습도에 따라 사용 기한이 다릅니다. 지퍼백이나 밀폐용기에 넣어 냉암소에 보관하면 6개월 ~1년은 사용할 수 있지만 산도는 낮추는 과일청이 들어 갔으니 되도록 3개월 이내 사용하실 것을 권장합니다.

Q. **갑자기 트레이스가 나서 너무 굳어 버렸어요.**

A. 트레이스가 잘 나는 오일을 사용했거나 알코올로 수상을 잡았을때 나타납니다. 비누틀에 붓기가 어려울 정도면, 볼에 그대로 두고 더 단단해질 때까지 기다렸다가 점토 상태가 되면 장갑을 끼고 손으로 모양을 내어 만들 수 있습니다.

Q. **비누 표면이 기름으로 끈적거려요.**

A. 첨가물로 유지를 많이 넣었거나 비누액을 충분히 젓지 않았거나, 혹은 보온 중인 비누액의 온도가 갑자기 올라갔을 때 발생하는 현상입니다. 휴지로 깨끗이 닦고 그대로 잘 건조하면 됩니다.

Q. **가성소다의 순도는 어떤 것을 사용하는 게 좋나요?**

A. 순도 100%의 물질은 존재하지 않는다고 보면 됩니다. 가성소다 98% 이상을 이용해 고형비누를 만드는 것이 일반적입니다. 93%의 가성소다일 경우 나머지를 채워 넣어주셔야 합니다.

Q. **비누화 값 도표를 보면 자료들의 수치가 조금씩 다른데 어떤 것을 사용하면 되나요?**

A. 인터넷이나 서적들에 표기된 가성소다 도표들이 조금씩 다르게 표기되었다 하더라도 가성소다의 양이 안정적으로 들어오기 때문에 안심하고 사용하셔도 됩니다.

Q. **비누액을 비누틀에 부어 보온할 때 주의할 점은?**

A. 스티로폼 상자에 넣어 보온하는 경우 비누를 담은 용기를 두꺼운 담요를 덮어서 가능하면 따뜻한 곳에 둡니다. 만약 보온이 잘 안 되어 차가워지면 비누 표면이 하얗게 되기도 하고, 습도가

너무 올라가서 비누에 물방울이 맺힐 수도 있습니다. 비누액은 비누틀에 넣은 뒤 변화가 없어야 숙성이 잘 되고 깨끗하게 굳습니다.

Q. 비누 표면에 물방울이 맺혀 있는데 닦아내도 되나요?
A. 비누 속 글리세린은 공기 중의 수분을 끌어모으는 성질이 있습니다. 그럴 때에는 휴지로 부드럽게 닦아내고 건조하시면 됩니다.

Q. 포장지는 어떤것을 사용해야 되나요?
A. 바깥의 습기로부터 보호해 주기 때문에 빵이나 과자를 만들 때 사용하는 왁스지나 유산지가 좋습니다. 물론 일반 종이를 사용해도 괜찮습니다..

Q. 6개월 이상된 비누에 갈색 얼룩이 생겼는데 무엇인가요?
A. 비누회가 되지 않아 오일이 남아 있을 때, 즉 디스카운트나 슈퍼팻을 많이 했을 때 나타납니다. 비누가 산화되면 색이 살짝 갈색으로 변하거나, 끈적거리는 갈색 점 같은 얼룩이 생깁니다. 갈색 얼룩 부분은 잘라내고 빠르게 사용합니다

재료 판매처

도움 주신 분

발효전문가 · 서 애 숙, 김 효 순

사　　　진 · · · · · · · · · · · · · · · 스튜디오차(studioCHA.co.kr), Helena K, 디피스튜디오(서동필)

스　탬　프 · 고투명 아크릴 비누도장(@the_stamp1)

편　　　집 · 김 동 건

대　리　석 · 이 정 은

인　　　쇄 · 북 토 리